교육은 개인을 변화시키고,

사회를 변화시키며,

나아가 국가의 미래를 변화시킨다.

임태희의 미래교육
IM_Possible

경기교육의 하이러닝·공유학교·온라인학교,
미래교육의 중심이 되다!

임태희 지음

북코리아

이 책은 경기교육가족분들 모두의 노력이
고스란히 담겨 있습니다.
감사한 마음을 담아 여러분께 바칩니다.

한 권의 책보다
한 번의 책임이 먼저였다

내 인생 첫 출간.

나는 한 번도 책을 출간한 적이 없다.

행정과 정치, 위기와 개혁의 수많은 시간을 지나왔지만,

그 어떤 순간에도 '기록'보다 '실천'이 먼저였다.

"저기 걸어간다, 한 권의 책."

멋진 말이라는 생각이 들었다. 함께 일했던 분들이 전해준 말이다. 그 말엔 반은 칭찬, 반은 안타까움이 담겨 있었다고 한다. 살아오는 동안 출판에 대한 무수한 제안이 있었고, 때로는 출판사의 요청도 있었지만, 나는 늘 '책을 쓸 시간이 있으면 더 고민하고 더 뛰어야 한다'고 생각했다.

교육감이 되고서도 마찬가지였다. 한 권의 책을 쓰기보다 한 번의 결정, 한 명의 학생, 한 줄의 정책을 먼저 책임져야 했다. 글은 잠시 멈춰도 괜찮지만, 아이들의 시간은 기다려주지 않는다고 생각했다. 그렇게 몇 해의 계절을 지나왔다.

그러나 이제, 나는 기록하려 한다.
교육이 얼마나 중요한 일인지.
그 사실을 온 국민이 다시금 상기하고 기억할 수 있도록.

교육이 단지 교사와 학생, 학교의 문제가 아니라 우리 모두의 삶을 움직이는 국가의 미래라는 사실을 더 이상 필요할 때만 떠올리지 않도록 말이다.

우리는 내가 학생일 때, 내 아이가 학교에 다닐 때만 잠시 교육에 눈을 돌린다. 그러다 졸업하면, 우리 삶에서 다시 잊힌다. 그러나 교육은 내 문제일 때만 관심 가져도 되는 일이 아니다.

교육은 백년지대계(百年之大計)다. 하루이틀이 아닌 한 세대, 두 세대를 넘어 국가의 운명을 설계하는 일이다. 정치가 5년을 움직인다면, 교육은 50년을 움직인다. 교육이 바로 서야 가정도, 경제도, 미래도 바로 설 수 있다. 그래서 이 책은 지금 이 순간 대한민국이 반드시 돌아봐야 할 교육에 대한 이야기다.

이제야 첫 책을 내는 이유는 단 하나다. 앞으로 학생들이 미래를 준비할 수 있도록 걸어갈 길을 밝혀야 하기 때문이다.

이 책은 지금까지 경기교육이 걸어온 길의 정리이자, 지금부터 걸어갈 길의 약속이다.

내 인생의 첫 책.
그리고 어쩌면, 가장 무거운 책.

"바꾸고 새롭게" 경기교육 3년의 기록

2022년 6월 1일은 잊을 수 없는 날이다. 경기도교육감 선거가 치러진 날이니 말이다.

지난 3년을 돌아본다. 교육감에 출마할 마음을 굳히며 스스로에게 했던 처음 약속을 얼마나 지키고 실천해왔는가. 후보로서 경기도 구석구석을 돌아다닌 시간이 선명하게 기억난다. 경기도 31개 시·군 곳곳을 다니면서 학생, 학부모, 선생님들과 일반 시민의 절실한 말씀을 귀담아들었다. 모두가 한목소리로 우리 교육이 이래서는 안 된다고 하셨다. 당선이 되든 못 되든 이렇게든 경기교육을 새롭게 바꿔야 한다는 문제의식을 강하게 갖게 되었다. 그래서 선거 캐치프레이즈도 "바꾸고 새롭게"로 정했다.

감사하게도 당선되었다. 그것도 전례 없는 압도적인 지지로. 이후 교육감이라는 새로운 역할을 맡은 지도 벌써 3년이 지났다. 돌아보면 그 기간은 교육이란 무엇인가를 스스로 묻고 배우는 시간이었다. 교육행정이 얼마나 복잡한가를 몸소 느끼고 다듬는 시간이기도 했다.

그리고 다시금 깨닫는다. 세상에 교육만큼 중요한 것은 없다는 것을. 교육감으로 일하면서 교육이 바로잡혀야 대한민국 모든 문제의 실마리를 풀어갈 수 있다는 것을 그 어느 때보다 절실히 느끼고 있다.

교육은 한 개인을 성장시키고, 사회를 변하게 하며, 나아가 국가를 발전시킨다. 정치가 위로부터 그리고 겉으로부터의 변화라면, 교육은 아래로부터 그리고 안으로부터의 근본적인 변화이다. 그래서 교육을 통한 변화는 정치보다 근원적이고 지속적이다.

돌아보면 아쉬움과 보람이 교차한다. 애초 꿈꿨던 것보다 미흡했던 부분도 적지 않다. 그럼에도 작은 성취와 인정들이 차곡차곡 쌓여왔다. 3년 전만 해도 전국 최하위 평가를 받았던 경기교육은 취임 3년 만에 **교육부 '시·도교육청 추진실적 평가'에서 정량지표 21개 항목에 걸쳐 최우수등급(ALL PASS)**을 받았다. 맞춤형 학업성취도를 전면 자율평가로 전환하여 참여율은 64%에서 99.5%가 되었다. 정성평가에서도 'CCTV(Check, Care, Treat, Vision) 프로젝트'를 통해 마음건강 연계율(관심군 학생과 전문기관을 연결한 비율)이 3년 만에 45.8%에서 82%로 올랐다. 이 결과에 일부 언론에서는 "취임 3년 만에 거둔 대역전극", "경기교육 정책 성과 입증"이라 평하기도 했다.

경기도는 전국에서 학생 수가 가장 많고, 관리해야 할 학교, 행정 구역 그리고 예산 규모 역시 가장 방대한 조직이다. 학교마다 여건과 환경이 크게 다른 상황에서 정책의 일관성을 유지하고, 모든 현장에 고르게 적용되도록 관리하는 일은 늘 어려운 과제였다. 이러한 구조적 한계 속에서도 나타난 성취들은 더 큰 의미를 가진다.

이후 계속해서 기쁜 소식들이 전해졌다. 2025년 한국교육학술정보원이 주최한 「디지털 교육 연구대회」에서 디지털 교육 연구분야 '압도적 1위' 최우수 교육청으로 선정되었고, 「대한민국 인공지능 혁신 대상」 그랑프리 대상을 수상했다. 학생 1인 1스마트기기 보급, 학교 무선망 100% 구축, 교수-학습 플랫폼 하이러닝 등에 대한 평가였다. 또한 장애에 대한 인식 개선과 포용적 교육 환경 조성을 위한 노력이 인정되어 「사회적 장애인식 개선 유공 기관」 선정 및 보건복지부 장관 표창을 받았다. 교육행정에 대한 신뢰도를 가늠하는 매니페스토 공약 이행률도 99%를 달성했다. 2026년에 들어와서는 TV조선이 후원하고 조선교육문화미디어와 조선에듀가 주최한 '2026 대한민국 교육대상'에서 교육인물 부분 대상을 수상하기도 했다.

해외에서도 좋은 평가가 이어졌다. 유네스코 포럼에서 전 세계 교육 전문가들이 "Great!"를 외쳤고, 미국 하버드를 비롯한 외국 학교에서 벤치마킹을 하려는 문의가 이어졌다. 이 모든 결과는 어려운 여건 속에서도 고생을 마다치 않고 열심히 애써준 경기교육가족 여러분 덕분이다. 진심으로 미안하고, 고마운 마음 전한다.

어느덧 임기를 채워가고 있다. 해는 저무는데 아직 갈 길이 멀다. 이제 지난 시간을 정리하고 남은 시간을 더욱 잘 준비해야 겠다는 결심을 새삼 새롭게 한다.

그동안 페이스북, 블로그 등을 통해 교육감으로서 고민해온 점들을 하나씩 글로 정리해왔다. 나아가 남은 시간 동안 더 노력해야 할 부분에 대한 각오도 함께 담고자 했다. 그 공간에서도 많은 분이 함께 고민하고 부족함을 채워주셨다. 경기교육과 대한민국 교육이 더 나은 미래를 만들어갈 수 있는 못자리가 되길 바라는 마음이었다.

함께 정리해온 글들이 모여 이제 책이 되었다. 이 책에는 경기교육가족분들 모두의 노력이 고스란히 녹아있다. 학교 현장에서 아이들의 하루를 지켜온 선생님들, 교육의 동반자로 함께해주신 학부모님들, 보이지 않는 자리에서 행정을 책임져온 교육청 직원들, 그리고 늘 따뜻한 관심으로 함께해주신 모든 분께 진심으로 감사드린다.

2026년 3월

임태희

"교육은 백년지대계(百年之大計)다. 하루이틀이 아닌 한 세대,
두 세대를 넘어 국가의 운명을 설계하는 일이다."

*2025년 12월, 경기교육 주요정책 성과보고회

목차

Part I

IM 익숙한 듯 아닌 듯, 임태희입니다

Part II

Impossible 불가능했던 교육개혁

Possible 교육개혁을 가능케 하는 세 가지 원칙

IM_Possible 누구도 소외되지 않는 교육의 3섹터

Part V
IM_Possible Future
임태희라서 가능한 미래교육

부록

3,081,100표

그 무게를 가슴에 새기며

2022년 경기도교육감 선거의 개표 결과는 지금도 놀라운 기억으로 남아 있다. 중도보수 최초의 민선 경기도교육감으로 선출된 것도 영광이었는데, 3,081,100표를 얻어 과반수를 훌쩍 넘는 54.79%의 득표율을 기록했다.

이것은 역대 교육감 중 최고 득표수, 경기도교육감 중 역대 최다 득표율을 기록한 결과였다. 경기도 31개 시·군 모두에서 앞서며 예외 없는 지지를 받았다는 사실도 놀라웠다. 그만큼 경기교육에 거는 도민의 간절함이 반영된 결과로 느꼈다. 선거를 준비하는 과정에서도 경기교육을 향한 기대를 충분히 느낄 수 있었다.

깨끗하고 투명한 선거를 치르기 위해 마련했던 '임태희 희망나무펀드'가 개설 3시간 만에 목표 금액 30억 원을 채우고 조기 마감된 것이다. 마감되고 나서도 여기저기서 모금에 동참하겠다는 분들의 문의가 끊이지 않았다. 이런 상황에서 선거에 나선 후보로서도 경기교육의 과제와 방향에 대한 생각을 더욱 단단히 하게 되었다.

"아, 경기교육의 변화를 한결같이 요구하고 있구나!
이 뜻을 가슴에 새기며 경기교육을 꼭 바꾸어야 한다!"

변화가 필요한 경기교육에 희망나무를 심겠다는 마음으로 식목일에 예비후보로 등록했다.

경기교육이 바뀌면 대한민국 교육이 바뀐다. 경기교육이 대한민국에서 차지하는 비중은 30% 정도다. 2025년 말 기준으로 학교 4,680여 개(유치원 포함), 학생 165만여 명, 교직원 20만여 명, 재정 규모 약 24조 원의 규모로 단일 시·도교육청 기준 전국 최대 수준이다.

2022년 7월 1일, 취임식을 준비하며 많이 고민했다. 경기교육의 새로운 시대를 여는 미래교육의 비전을 어떻게 잘 전달할 수 있을까? 고민 끝에 의례적인 형식에서 벗어나 '소통콘서트'로 진행하기로 했다. 진심 어린 소통으로 임기를 시작하고 싶었기 때문이다.

나는 "바꾸고 새롭게"를 실천할 경기교육의 정책기조를 '자율, 균형, 미래' 세 가지로 제시했다. 이 핵심가치를 통해 경기교육이 국내를 넘어 세계 교육을 선도하는 모델이 되겠다는 의지였다.

교육청 안팎의 교육가족들께도 그 뜻을 전달하고자 했다. 지금도 학생, 교사, 학부모와 함께한 소통콘서트를 생생히 기억한다. 스스로에게 다짐도 했다. 그들과 한 약속을 끝까지 지키겠다고.

2022년 7월 1일은 막중한 책임감으로 나 자신을 무장시킨 날이었다. 경기도교육감이라는 직분의 무거움에 3,081,100표에 담긴 기대가 더해졌기 때문이다.

선출직 공직자에게 가장 엄격하고 훌륭한 스승은 '선거'라고 한다. 투표는 국민의 말 없는 가르침이며 명령이다.

교육감 출마를 고민하며 스스로에게 물었다.

'잘 해낼 수 있을까?'
'교육을 전공하지도, 교사도 아닌 내가 준비된 사람인가?'

정치와 국정의 한복판에서 살아온 시간이 마음속에 스쳐 지나갔다. 대통령실장으로, 장관으로, 정치인으로, 그리고 행정가로. 정치와 행정, 타협과 결단 사이에서 매 순간 얼마나 치열하게 살아왔던가.

또 그 치열함을 뒤로하고 모든 것을 내려놓고 아무 일도 없이 무직자로 살았던 6년의 시간도 있었다. 새벽녘에 집을 나서서 늦은 밤이 되어서야 돌아오던, 불철주야 일만 하던 나에게는 낯선 시간이었다.

그러나 그 시간들 속에서 깨우친 것도 있다. 무의미한 시간은 없다는 것을. 어떤 순간도 허투루 지나가지 않는다. 스스로 의미를 찾고, 방향을 정하고, 마음을 다듬는 과정이라면, 결국 모두 '준비하고 축적하는 시간'이다. 유배지 같다는 자리도, 한직이라 불리는 곳도 잠시 쉬어가며 더 깊이 생각하고 내공을 쌓는 귀중한 시간이 될 수 있다.

의미는 저절로 주어지지 않는다. 그 시간을 어떻게 받아들이느냐에 따라 가치는 달라진다. 나 또한 현직에서 떠나있던 시간을 의미 있게 채우려 노력했다. 멈춤이 아니라 성찰이고, 정체가 아니라 축적이라 느끼며 가보지 않은 길을 걸었다. 누가 만든 길을 가는 것이 아니라 나 스스로 길을 만들며 걸어가는 것이었다. 이 시간은 나에게 언제든 꺼내 쓸 수 있는 다양한 생각의 폭을 갖게 했고, 실행할 힘도 커지게 했다.

전 세계가 주목하고 있는 경기교육의 정책들은 이런 준비 시간들을 바탕으로 탄생했다. 그리고 하나하나의 정책들이 쌓여 '경기미래교육'이라는 새로운 틀을 세울 수 있었다. 이 책을 통해 교육감 취임 이후 추진해온 경기교육의 변화와 미래교육 이야기들을 공유하려고 한다.

2022년 7월 1일, 경기도교육감 취임 기념
"바꾸고 새롭게" 소통콘서트

Part I

IM

익숙한 듯 아닌 듯,
임태희입니다

"이름은 많이 들어봤는데, 어디서 들었더라?"
익숙하지만 또렷하진 않은.

누군가는 말한다.
"TV 뉴스에서 본 기억이 있다."
"정책 현안에 대해 설명하고, 질문에 명료하게 답하던 사람."
혹은 "고용노동부 장관 시절,
일자리 정책에 대해 책임지는 얼굴로 나섰던 사람."

행사에 나가 시민을 만나 사인을 하거나 함께 사진을 찍으려는
줄이 생기면 여지없이 어디선가 들리는 한마디도 있다.
"연예인인가? 어디선가 본 사람인데?"

맞다. 나는 그동안 영광스럽게도 다른 사람들이 부러워할 정도
로 공직을 경험한 사람이다. 지금 생각해봐도 분에 넘치는 영광
스런 경험을 가졌다. 재무부에서 공직을 시작하여 국회의원, 고
용노동부 장관, 대통령실장, 대학총장…. 복잡하게 얽힌 갈등을
조정하고, 균형을 잡고, 위기를 정리하는 일들. 나는 말보다 합리
적인 대안과 실행에 집중했다. 그래서 사람들은 나를 '앞에 나서
지 않는 실무형 인물'로 기억하기도 한다.

정도正道의 시간, 침묵의 무게

사람들은 의아해한다. 그리고 끊임없이 질문한다.
"국정을 다뤘던 분이 왜 교육감이 되셨나요?"

그리고 누군가는 조심스럽게 말한다.
"교육감님, 인지도를 좀 더 높이셔야 합니다."

그 말은 전혀 낯설지 않다.
정치는 결국 인지도 싸움이지 않았던가.
실력도, 철학도, 정책도 결국 유권자가 모르면 아무 소용 없다.

그러나 진정한 인지도란 '노출의 총량'이 아니라 '신뢰의 총합'이어야 한다. 얼굴이 익숙하거나, 이름이 자주 들린다는 이유만으로 그 사람을 '믿어도 되는 존재'로 여길 수는 없다.

무대가 크면 말의 그림자도 커진다. 말 한마디가 기사 제목이 되고, 표정 하나가 의도의 전부가 된다. 기자들은 언행 하나에 주목하고 말 하나하나에 촉각을 세운다. 비판은 가장 빠르고 쉬우며 확실한 주목의 기술이다. 정치는 그런 식으로 이름을 만든다. 큰소리를 치고 비판하고 각을 세워 말을 던지면, 다음 날 아침 그 이름은 신문 1면을 장식하게 된다. 그게 현실이다.

그러나 나는 그 길을 선택하지 않았다. 언제 어디서나 '정도(正道)'를 걷고자 했다. 그 길은 느렸고, 때론 답답했고, 오해받기도 했다. 그러나 확신했다. 빠르게 기억되는 이름보다 중요한 것은 신뢰라는 가치임을 말이다. 그 가치는 내가 걸어가며 남긴 태도와 길, 스스로 지켜낸 말과 철학에서 비롯된다.

정치는 지금 소리치고 스포트라이트를 받아야 한다고 말하지만, 나는 반짝 주목보다는 그 빛이 꺼진 뒤에도 정도의 길을 걸어가고자 했다.

한동안 사람들은 나를 잊었고, 정치적 뉴스는 조용히 내 곁을 지나쳤다. 그러나 나는 그 정도의 시간 속에서 스스로 깊이를 채울 수 있었다. 국가와 사회를 움직이는 구조를 더 이해했고, 정책을 설계하는 힘을 기르고, 결정을 기다리는 인내를 배웠다.

이른 새벽부터 마트에 나가 일도 하고, 대학에 출강해 학생들에게 강의도 하면서 부지런하게 움직였다. 그래서 나에 대한 전반적인 평판은 "임태희는 조용하다", "너무 점잖다", "정치인 같지 않다"라고 한다. 나라고 조용하기만, 점잖기만 하겠는가? 즐거울 때 웃고, 화가 날 때 분노하며, 슬플 때 눈물 흘리는 감정을 가진 평범한 인간이다. 내가 걸어온 삶의 길이 그러한 순간순간의 감정을 드러내지 않도록 하다 보니 '그런 사람'이 되어버린 것이다.

혹자는 이것을 태어날 때부터 자신이 가지는 인성이나 인품으로 치부할 수 있지만, 성찰자강(省察自强), 즉 스스로 돌아보고 나아갈 수 있는 시간이 있었기에 가능했으리라 생각한다. 그러한 시간과 과정을 통해 '교육'이라는 가장 복잡하고 치열한 과제 앞에 준비된 사람으로 설 수 있었다.

나는 이제 아이 한 명 한 명에게 다가가는 공정한 기회, 교실을 넘어 지역과 세계로 확장되는 배움, 그리고 대한민국을 다시 설계하는 미래교육의 길을 가고자 한다. 그 길 끝에서 기회의 학교, 공정한 시스템, 미래를 준비하는 교육이 남기를 바란다.

"성찰자강(省察自强), 즉 스스로 돌아보고 나아갈 수 있는 시간
이 있었기에 '교육'이라는 가장 복잡하고 치열한 과제 앞에 준
비된 사람으로 설 수 있었다."

*2012년 6월, 서울대학교 경영대학 리더십 강의

나의 꿈, 엔지니어에서
소셜 엔지니어로

내 학창 시절 꿈은 세상에 없는 걸 만들어내는 엔지니어였다. 이후 행정·정치·교육 분야를 거치며 이제 나는 '소셜 엔지니어'가 되어야겠다고 생각했다. 소셜 엔지니어로서 교육은 가장 확실하고 가시적인 성과를 가져온다. 교육은 개인과 사회의 변화와 발전을 가져오는 근간이 되기 때문이다.

사람을 키운다는 것은 단지 가르치는 일이 아니다.
그건 한 사람의 가능성을 책임지는 일이고,
그 사람이 살아갈 세상을 더 나은 곳으로 만들어주는 일이다.

나는 지금, 대한민국에서 가장 큰 교육 현장을 책임지고 있다. 경기도교육감. 이 자리는 명예나 안정감 때문에 택하는 자리가 되어서는 안 된다.

살다 보면 누구에게나 기회는 온다. 그 기회는 때로 높은 자리를, 넓은 무대를, 많은 주목을 약속한다. 그러나 나는 늘 스스로에게 묻고 행동했다. 나는 한 번도 '자리'를 위해 살아본 적이 없다. 언제나 선택한 것은 '해야 할 일', 곧 업(業)이었다.

지금 이 순간, 내가 가장 잘할 수 있는 일은 무엇인가. 내가 이 사회에 가장 기여할 수 있는 방향은 어디인가. 사람들은 보통 자리를 선택한다. 안정이 있고, 이름이 있고, 명함이 있는 곳을 원한다. 그러나 나의 선택은 무엇보다 일과 책임이 우선이었다.

교육은 말로 바뀌지 않는다. 설계가 있어야 하고, 실행이 따라야 한다. 그리고 무엇보다 끝까지 책임지는 사람이 있어야 한다. 나는 오랜 세월, 머리로 이해한 것을 가슴으로 실천하려 애써왔다.

지행합일(知行合一). 앎과 삶이 따로이지 않도록 철학이 현장에 닿고, 말이 행동으로 이어지도록 살아왔다. 그것이 내가 택한 길이었다. 그것은 바로 교육이 진정으로 변화를 이끌어내는 가장 확실한 길이라고 생각했기 때문이다. 지금 이 글을 읽는 분들에게 나는 익숙한 이름일 수도 있고, 아닐 수도 있다. 그러나 이 책의 마지막 장을 덮을 즈음에는 알게 될 것이다. 내가 지금 왜 이 자리에 있고, 무엇을 위해 이 길을 걸어왔는지.

"교육은 가장 확실하고 가시적인 성과를 가져온다. 교육은 개
인과 사회의 변화와 발전을 가져오는 근간이 되기 때문이다."

*2025년 9월, 포천 선단초등학교 방문

교육이 국정國政이다

교육은 개인을 변화시키고,

사회를 변화시키며,

나아가 국가의 미래를 변화시킨다.

정치, 경제, 복지, 인구, 노동, 기술, 문화…. 교육은 이 모든 것을 연결하는 국가 핵심 과제이다. 그렇기 때문에 교육이 국정(國政)이 되는 것이다. 나의 다양한 공적 경험이 미래를 여는 데 큰 도움이 되었던 것도 이 같은 교육의 특성 때문이었다.

국가적으로 교육보다 중요한 문제는 없다. 교육이 바뀌지 않으면, 그 어떤 정책도 완성되지 않는다. 그래서 교육은 더 이상 학교의 문제로만 남을 수는 없다. 이제는 국민 모두가 관심을 갖고 설계해야 할 국가의 중심 과제이다.

교육은 대한민국의 현재를 넘어서 다음 세대, 그다음 세대의 미래를 준비하는 일이다. 교육에 대한 우리 모두의 폭넓은 관심이 필요하다. 배움은 교과서를 넘어 삶과 연결되어야 하고, 삶은 다시 사회와 국가로 연결되어야 한다.

급변하는 혼란 속에서 대한민국 교육은 어디로 가야 하는가. 국가의 미래를 다시 설계할 수 있는 가장 확실한 기반을 어떻게 마련할 것인가. 정체된 시스템으로는 미래를 감당하기 어렵다. 새롭게 미래를 준비하는 혁신을 거듭해야 한다.

최초와 최고의 수식어로 설명되는 경기공유학교, 온라인학교, 하이러닝, 하이코칭…. 이 모든 정책은 교육 패러다임의 전환을 위한 실천이었다. 공교육의 책임성과 공정성, 포용성과 기술성을 함께 설계해야 하는 시대가 도래했다.

이 책은 그 준비와 실행 과정이자, 대한민국 교육이 나아가야 할 방향을 치열하게 고민해온 기록이다. 교육의 근본적 역할을 성찰하고, 미래 비전을 정리하는 과정이다. 그리고 한 사람의 경험과 철학, 실천의 목록이기도 하다.

정치는 빠르게 변화를 만들 수 있는 영역이다. 정치가 바로 서면 위에서부터 개혁을 추진할 수 있고, 사회를 가장 빠르게 바꿀 수 있다. 그 가능성을 나는 영국의 토니 블레어 수상 시절에서 확인했다. 1996년부터 1998년까지 영국에서 공부하면서, 토니

블레어가 집권한 시기의 정치 변화와 사회 개혁을 현장에서 지켜
봤다.

그의 가장 중요한 정책이 교육이었다. 그는 선거 유세 내내
"첫째도 교육, 둘째도 교육, 셋째도 교육"을 외쳤다. 지금도 기억
나는 건 정보화가 급격히 진행되는 세계적 대전환 시기에 영국 교
육의 문제를 인식하고 적극적으로 변화를 추진하는 모습이었다.

당시 그는 수학과 과학 교육을 강화했다. 기존의 방식 그대로
공부시키면 경쟁력을 확보하기 어렵다는 판단이었다. 그리고 영
국이 정보화 시대를 이끌 수 있도록 학교를 졸업하고 나면 누구
나 컴퓨터를 자유자재로 활용할 수 있도록 하는 교육에 힘썼다.
이런 교육은 학교 혼자 감당하기는 어렵다는 점도 인정했다. 그
는 가정과 사회가 학교와 함께 노력하자고 호소했다.

TV 토론과 신문, 선거 현장을 통해 교육, 경제, 사회 전반을
얼마나 역동적으로 바꿀 수 있는지 가까이에서 목격할 수 있었다.

그러나 정치는 근본적이고 지속적인 변화를 만들기 어렵다는
분명한 한계가 있다. 이해관계가 얽혀 있기 때문이다. 정치가 정
체되면 국가 전체의 역량도 정체되는 사례를 수없이 목격할 수
있다. 물론 정치와 잘 조직되고 훈련된 관료가 고도성장을 이끌
었던 사례도 드물게는 있다. 그러나 변화에 둔감하고 제대로 대
응하지 못한 정치와 정부가 어떻게 국가를 어렵게 하는지를 우
리는 허다하게 볼 수 있다.

교육은 다르다. 한 번 바뀌면 그 변화는 근본적이고, 매우 오

랫동안 지속된다. 산업화 시대에는 국가를 위한 희생을 당연하게 여겼던 세대가 있었다. 그러나 1987년 민주화 이후 교육은 시민사회 중심으로 이동했고, 그 교육을 받은 세대가 지금 한국 사회의 중심을 형성하고 있다. 그래서 나는 믿는다. 진정한 변화를 위해서는 정치와 교육이 병행되어야 한다고. 시대는 바뀌어도 사람 사는 이야기는 달라지지 않는다. 기술은 눈부시게 발전하고 사회는 빠르게 재편되지만, 인간이 삶에서 바라는 본질적인 질문은 늘 같았다.

어떤 삶을 살아야 하는가?
우리는 어떻게 함께 살아야 하는가?
그리고 다음 세대를 어떻게 책임질 것인가?

이 물음들은 시대와 장소를 불문하고 모든 문명의 중심에 놓여 있었다. 이는 곧 교육이라는 제도가 단순한 기능적 시스템이 아니라 사람과 삶에 대한 깊은 이해에서 비롯되어야 함을 말해준다. 교육은 다음 세대를 위한 약속이다. 더 나은 사회를 위한 실천이며, 인간답게 살아가기 위한 가장 근본적인 대답이다.

"교육은 개인을 변화시키고, 사회를 변화시키며, 나아가 국가
의 미래를 변화시킨다."

*2011년 5월 청와대 춘추관, 대통령실장 재임 시

시골 소년, 서울 학교에서
교육 격차를 맛보다

"임태희는 학창 시절부터 성실하고 믿을 수 있는 좋은 친구였어요. 학자가 더 어울리는 친구였죠. 정치인보다는 늘 학자가 되었으면 했는데, 경기도교육감 후보가 됐다니, 누구보다 반갑습니다."

선거를 준비하던 2022년, 경동고 재학 시절 같은 반 친구의 말이었다. 문득 '서울 유학'이라는 말이 낯설지 않던 그 시절, 10대의 나를 떠올렸다.

서울 경동고등학교. 내가 입학한 1972년에 후기로 전환한 공립학교였던 관계로 나처럼 시골 출신이 특히 많았고, 서울에서도 실력 있는 학생들이 전례 없이 많이 입학했다. 나는 경기도 분당에서 '유학'을 갔다. 지금은 '서울 유학'이라는 표현이 낯설겠지만, 당시만 해도 지방에서 서울의 고등학교에 진학하는 일은 아주 큰 결심이었다.

사람은 서울로, 말은 제주도로 보내라고 했듯, 나름의 큰 뜻을 품고 고향을 떠나온 나에게 서울에서의 새로운 생활은 낯설고 꽤나 힘든 시간이었다.

초등학교를 졸업할 때만 해도 나는 앞줄에 앉는, 체격이 작은 편인 아이였다. 그런데 중학교에 들어간 이후엔 폭풍 성장을 해 중3 때는 맨 뒷줄에 앉는 급변신을 했다. 동시에 약 6km의 통학 거리를 오가며 자연히 100m를 12초대에 달리게 되었고 멀리뛰기 등도 누구에게도 뒤지지 않는 수준으로 할 수 있게 되었다.

고등학교에 입학해서는 상대적으로 부족한 근력과 상체운동을 위해 유도반에 들어갔다. 한 달쯤 지나 유도에 재미를 붙일 무렵, 유도반을 그만두어야 할 상황이 생겼다. 3월 말 첫 시험에서 당시엔 전혀 상상도 할 수 없었던 시험 결과를 받아쥐게 되었기 때문이다. 60명의 반 학생 중 40등 안에도 들지 못하는 성적이었다. (지금 생각해보면, 워낙 우수한 동기생들이 많아서 받은 결과였는데, 당시로서는 그야말로 처참하다 생각했다.)

'내가? 중학교를 수석 졸업한 내가?' 눈앞이 깜깜했다. 없는 살림에 아들을 서울로 유학을 보내고 큰 기대를 하고 계실 어머니 얼굴이 눈앞에 가장 먼저 떠올랐다. 그리고 누나들과 동생들, 동네 어른들까지. 공부하러 올라온 나 자신에게도 부끄러웠다.

아무리 봐도 도저히 믿을 수 없는 충격적인 결과였다. 우물 안 개구리였던 내가 도시와 시골의 교육격차를 비로소 직접 느낀 경험이었다. 이 경험은 교육감이 된 후 공교육의 기회 보장과 교육 격차 해소 정책을 구상하는 데 중요한 기반이 되기도 했다.

당장 유도부를 때려치우고 공부에 전념하기로 마음먹었다. 바로 유도부 선배를 찾아갔다.

"선배님, 유도를 그만두어야겠습니다."
"무슨 일인데?"
"아무래도 공부에 전념해야겠습니다."

유도를 그만두기 위한 대가는 혹독했다. 그날 이후, 매일매일 기합을 받고 그만하라고 할 때까지 맨발로 운동장을 뛰는, 일종의 기싸움 과정도 있었다. 결국 어린 나이였지만 절박한 심정으로 버틴 지 약 2주가 지나서야 유도반을 무사히 탈출할 수 있었다. 아마도 이 일은 내가 지금까지 살아오면서 가장 중요한 변곡점이었지 않을까 싶다.

"도시와 시골의 교육 격차를 직접 느꼈던 경험은 교육감이 된 후 공교육의 기회 보장과 교육 격차 해소 정책을 구상하는 데 중요한 기반이 되었다."

*1969년 2월, 낙생초등학교 졸업식에서 어머니·여동생과 함께

나는 1956년, 경기도 성남시 분당구 판교에서 태어났다. 지금 분당 서판교의 '원마을 9단지'이다. 당시는 경기도 광주군 낙생면 판교리였다. 현재는 IT 기업들이 밀집한 첨단 도시지만, 1960~1970년대의 판교는 논과 밭이 펼쳐진 시골로, 내가 중학교 때까지는 전기도 들어오지 않던 곳이었다.

그런 시골 마을이 한 세대 그리고 두 세대를 지나는 동안 이렇게 변할 수 있다니. 대한민국은 그야말로 눈부시게 발전했다. 사회구조는 산업화-민주화-정보화-세계화를 거쳤고, 국가 경제는 최빈국-개발도상국-신흥국을 지나 지금은 OECD가 인정한 선진국 반열에 올랐다. 그 거대한 전환의 흐름 속에서 대한민국이 정말 대단하긴 하다는 것을 새삼 되새긴다. 이 시간을 모두 경험한 우리 세대 역시 자랑스럽다.

어릴 적 우리 마을엔 특별한 '중심'이 있었다. 바로 550년이 넘은 커다란 느티나무다. 마치 동네 큰어른인 듯 마을 한복판에 자리한 그 나무는 우리 모두의 사랑방이었고, 아이들의 놀이터였다.

요즘도 나는 가끔 그 느티나무를 찾는다. 어릴 때 느꼈던 웅장한 풍채는 아니지만, 마치 오랜만에 동네 아저씨를 다시 만난 듯 반갑고 든든하다. 여전히 그 자리에 묵묵히 서 있는 느티나무를 보며 나는 생각한다. 변함없이 제 자리를 지켜주는 존재가 있다는 것이 얼마나 소중하고 감사한 일인가.

그 느티나무처럼 아이들 곁에도 늘 한결같음이 있어야 한다. 흔들릴 때 기대고, 지치면 숨 쉴 수 있는 그늘 같은 존재. 세상은 빠르게 변해가지만, 누군가는 변하지 않고 자리를 지켜야 한다. 아이들이 다시 일어서고 자신의 길을 스스로 찾을 수 있도록 교육은 아이들의 삶을 지탱해주는 가장 든든한 중심이어야 한다.

우리의 느티나무처럼 이제는 나도 누군가에게 그늘이 되어주고 싶다. 내가 받았던 응원과 믿음을 이제는 다음 세대에게 돌려줄 차례다. 그것이야말로 진짜 교육이고, 내 인생이 향할 방향이다.

"교육은 아이들의 삶을 지탱해 주는 가장 든든한 중심이어야 한 다. 언제나 그 자리에서 든든한 중심이 되어주는 느티나무처럼."

*경기도 성남시 보호수로 지정된 판교 원마을 9단지 느티나무와 함께

나의 '하늘'은 '학생'입니다

한국인의 마음속 '하늘'은 뭘까.

어릴 적 잘못을 저지르면 "하늘이 무섭지도 않으냐? 천벌 받는다"는 꾸지람을 들었고, 윤동주 시인은 "하늘을 우러러 한 점 부끄럼 없기를" 다짐하기도 했다. 또 역사를 배우며 '민심이 곧 천심(天心)'이라거나, 사람이 곧 하늘이라는 '인내천(人乃天)'을 배웠다.

2026년 새해 첫 직원소통차담회에서 나는 '순천자흥 역천자망(順天者興 逆天者亡)'이라는 옛 성현의 가르침을 전했다. '하늘'의 뜻에 순응하면 흥하고, 거스르면 망한다는 뜻이다. 종교에서 '하늘'이 신이라면, 우리 전통의 '하늘'은 어떻게 다를까를 생각해보았다. 그 뜻이 무엇인지 어렴풋이 알 것도 같다. 본질적으

로 '나를 지켜보는 수많은 시선'이자 '세상을 움직이는 올바른 길
[道]'을 의미하는 것은 아닐까. 정치인에게 하늘이 '백성'이듯, 교
육을 책임지는 나에게 하늘은 '학생'이다. 아이들의 마음을 살피
는 것이 곧 천심을 읽는 것이고, 그 아이들 앞에서 떳떳할 수 있
다면 그것이 바로 교육의 올바른 길, 즉 '순리'다.

역사가 증명하는 순리

이러한 하늘의 엄중함을 일찍이 꿰뚫은 분이 율곡 이이 선생
이다. 율곡이 임금과 역사를 논하던 자리에서의 일이다.

임금이 물었다.
"역사를 보면 진시황이나 조조처럼 하늘의 뜻을 거스른 자들
이 오히려 천하를 호령하고 승승장구하지 않았는가?"
율곡이 답했다.
"시간을 길게 보십시오. 결국 하늘의 심판은 한 치의 오차도
없습니다."

실제 역사가 이를 증명한다. 중국을 처음으로 통일하며 무소
불위의 권력을 휘두른 진시황의 제국은 사후 30년을 버티지 못
하고 무너졌다. 그 가족들 역시 처참한 최후를 맞았다. 온갖 꾀를

내어 권력을 쥐었던 조조의 가문도 마찬가지다. 불과 몇 대 뒤, 믿었던 신하에게 정권을 빼앗기며 역사 속으로 허망하게 사라졌다. 반면, 당대에는 패배자로 보였던 유비는 천년이 훨씬 지난 지금까지도 '인(仁)'의 표상으로 우리 마음속에 살아 숨 쉬고 있다.

역사가 사마천이 『사기』를 쓰며 고뇌했던 '하늘의 도리'도 결국 같은 곳을 향한다. 눈앞의 이익을 위해 하늘을 속인 권력은 반드시 내부에서부터 갈라지고 무너진다. 역사가 남긴 패배의 기록들은 본질을 저버린 성취가 얼마나 허망한지를 보여준다. 우리 교육도 그렇다. 아이들이라는 '하늘'을 속이고 당장의 성과에만 급급하다면, 그 끝은 결코 흥할 수 없다.

나는 교육감으로서 경기미래교육청에 걸맞은 생각을 간직하고 있는지, 함께하는 경기 가족분들께 어떤 기여를 할 수 있는지, 학생·학부모·교직원 앞에서 부끄럼 없이 당당하게 설명할 수 있는지, 그리고 세계 교육에 자신 있게 내놓을 실체적 내용이 있는지 매 순간 끊임없이 스스로를 살피고 있다. 우리 교육가족 모두도 스스로를 살피고 질문하면서 매일을 시작하면 좋겠다.

이것이 내가 생각하는 '순천(順天)'의 모습이다. 우리가 학생이라는 하늘을 바라보며 살필 때, 경기교육은 비로소 흔들리지 않는 역사의 순리 위에 서게 될 것이다.

"순천자흥 역천자망(順天者興 逆天者亡). 교육을 책임지는 나에게 하늘은 '학생'이다."

*2023년 7월, 현장공감 프로그램 시즌3
'교육활동 보호, 우리 모두를 위하여'

한 학생도 소홀히 하지 않는다

교육이란 한 사람의 삶을 지키는 일이다.

아무리 거창한 단어를 외쳐도 단 한 사람에게 선한 영향력을 미칠 수 없다면 공허한 문장일 뿐이다.

2025년 1월, 대구경북과학기술원(DGIST)이 수시모집에 응시한 수험생에게 실수로 합격 통보를 했다가 번복하는 일이 있었다.

당시 피해 학생은 다른 학교에 합격한 상태였다. 중복 합격 시 한 학교만 선택해야 해서 DGIST로부터 합격 통보를 받고 기존 대학 등록을 취소했다. 그러나 홈페이지 합격자 명단에는 본인이 없었다. 학교 측에 문의했지만, "입학 담당자의 실수가 있었다"라며 불합격 통보가 돌아왔다. 이유는 제대로 설명되지 않았다. 그저 착오였다고. 어떻게 이런 일이 일어났는지 알 수 없는 일이다.

대한민국에서 대학입시라는 관문은 얼마나 큰 것인가. 또 개인의 삶에서 얼마나 큰 영향을 미치고 있는가. 학생에게는 위기였다. 학생은 잘못이 없다. 그럼에도 피해자가 되었다. 그 결과를 고스란히 감당해야 했다. 다시 1년을 꼬박 칠흑 같은 입시에 매몰되어야 하는 상황이었다. 할 수 있는 것도 없었고, 해결 방법을 찾는 것조차 어려웠다. 이 상황에서 누가 나설 수 있을까? 선생님이, 부모님이, 혹은 학교가 나섰다 하더라도 입학처의 결정은 쉬이 바뀌지 않았을 것이다. 그렇다면 소송으로 가야 하나? 시간과 비용은 물론, 다시 입시에 나서야 하는 아이의 마음은 어디서 누가 붙잡아줄 수 있을까. 그 복잡한 갈림길 앞에서 교육이 할 수 있는 일은 무엇이어야 하는가.

"누군가 나서야 한다. 단 한 명의 학생을 위해서라도."

그 물음 앞에 교육의 중심이 사람이라면, 반드시 누군가는 나서야 한다. 보고를 받는 순간, 이 일을 단순한 민원으로 보지 않았다. "학생 중심", "한 학생도 소홀히 하지 않겠다"고 평소 강조해오지 않았던가. 학생의 보호자로서 해결하고자 하는 마음으로 직접 나섰다.

DGIST 총장, 과학기술부 간부, 교육부 장관 등과 연락하면서 구제책을 모색했다. 실무 부서의 경과도 수시로 확인했다. "아

이 한 명의 인생이 어른들의 실수로 좌절되어서는 안 된다"는 것
이 문제해결의 원칙이었다.

우리는 종종 교육 시스템을 거대한 행정 체계로만 바라보는
경향이 있다. 그러나 교육은 행정이 아니다. 행정은 체계를 다루
지만, 교육은 사람을 다룬다. 중요한 것은 단지 행정적 절차나 책
임을 다하는 것이 아니다. 한 학생의 권리를 끝까지 지켜내는 일
이다. 입시의 무게 아래, 소외될 수 있었던 한 사람을 붙잡아주는
것이었다. 시간이 지체될수록 마음은 더 무거워졌고, 그만큼 더
신중하게 진행했다.

교육이 사람을 향해 있어야 한다는 믿음이 있었다. 내가 직
접 움직일 수 있었던 것은 교육자이자 행정가로서 오랜 시간 쌓
아온 경험, 그리고 그 경험 속에서 함께해온 분들과의 깊은 신뢰
덕분이었다. 그분들까지 마음을 모아주셨기에 한 아이의 내일을
다시 열 수 있었다. 감사한 일이었다.

결국 문제는 해결되었다. 학생은 다시 DGIST에서 합격 통보
를 받았다. 자신이 원했던 학교로 진학할 수 있게 되었다. 사회가
옳은 방향으로 작동했다는 것을 확인한 순간이었다. 감사한 일
이다. 합격이 확정된 날, 직접 전화를 걸어 축하의 마음을 전했다.

"우리 사회는 여전히 옳은 방향으로 나아가고 있으니 믿음을
가지고 열심히 노력하길 바랍니다. … 합격하기까지 정말 고생
많았습니다. 부모님도 그간 마음 졸이며 응원하셨을 텐데 참 대

견하실 겁니다. … 학교에 대한 애정을 가지고 자신감 있게 생활
하세요. 하고 싶은 일을 주체적으로 선택하며 나아가면 반드시
좋은 결과가 있을 것입니다."

그 말이 진심으로 위로가 되었기를 바란다. 혹여 이 일로 사
회에 대한 신뢰를 잃게 되었다면 어땠을까. 상상만 해도 마음이
무겁다. 이제는 믿는다. 그 학생은 반드시 더 단단한 어른으로 자
랄 것이다. 이번 일을 통해 교육이 무엇이어야 하는지 다시 생각
하게 되었다.

교육이 사람을 놓치면, 사회는 희망을 잃는다. 학생의 미래를
지켜냈다는 안도감만이 아니라 교육이 여전히 제 역할을 다할
수 있다는 사실, 그리고 우리 사회가 여전히 바른 방향을 지향하
고 있다는 믿음을 확인할 수 있었다.

그날, 참 보람된 날이었다.

『중용』 23장

其次致曲 曲能有誠
誠則形 形則著
著則明 明則動 動則變 變則化
唯天下至誠爲能化

작은 일도 무시하지 않고 최선을 다해야 한다.

작은 일에도 최선을 다하면 정성스럽게 된다.

정성스럽게 되면 겉에 배어 나오고

겉에 배어 나오면 겉으로 드러나고

겉으로 드러나면 이내 밝아지고 밝아지면 남을 감동시키고

남을 감동시키면 이내 변하게 되고 변하면 생육된다.

그러니 오직 세상에 지극히 정성을 다하는 사람만이

나와 세상을 변하게 할 수 있는 것이다.

친구가 보내온 특별한 기억

2025년 6월, 내가 올린 "자율"에 대한 글을 읽은 친구가 메일을 하나 보내왔다. 오래전(2010년경)에 자신이 써서 블로그에 올렸던 글이었다. 내용은 1982년 봄 공군 장교 훈련 시절 우리가 함께 겪은 에피소드였다. 엄격한 규율 속에서도 스스로 책임지고 행동하는 자율이 얼마나 큰 힘인지 보여주는 글로, "자네가 쓴 글과 일맥상통한다"며 읽기를 권했다. 특별한 기억을 다시 떠올려준 친구에게 감사하며, 널리 공유하고픈 마음에 보내온 글을 그대로 싣는다.

제 친구 임태희를 소개합니다

 공군사관후보생 77기 동기　　　　　　　　　+이웃추가　⋮

"양해를 구하고 달리는 후보생"
– 아직도 산야에는 잔설(殘雪)이 남아있는 1982년 3월 16일 대전
　공군교육사령부 연병장

100 대 1을 넘는 제77기 공군 장교 후보생 필기시험을 통과하고 마지막 관문인 체력장 테스트를 기다리고 있는 전국에서 모인 수재(?)들은 초조하게 '오래달리기'를 기다리고 있었습니다. 주어진 시간 내 완주해야 하는 4km(연병장 다섯 바퀴 반) 구보는 공부만 하다가 온 젊은이들에게 엄청난 부담으로 다가왔습니다.

순서가 된 저는 서로 얼굴을 모르는 사람들 사이에서 무작위로 구성된 10명과 함께 그냥 무작정 달렸습니다. 그때 제일 뒤에서 뛰던 듬직한 사나이가 제일 앞으로 내달리며 "이렇게 달리면 힘듭니다. 제가 보조를 맞출 테니 같이 뛰어봅시다"라고 하면서 "하낫, 둘~" 하고 구령을 붙이더군요. 맹목적으로, 그것도 경쟁적으로 달리던 우리는 연병장 다섯 바퀴를 이렇게 보조를 맞추어 뛰었습니다. 혼자 아무런 생각도 없이 그냥 열심히만 달리는

것보다는 훨씬 수월했습니다.

반 바퀴를 남겨두고 그 사나이는 "이제 모두 자기 기량껏 뛰어봅시다. 제가 앞서 뛰겠습니다"라고 하고는 앞으로 내달아가더군요. 그 사나이의 마지막 스퍼트는 놀라웠습니다. 그 사나이는 후보생 전체에서 1등의 기록으로 주파했고, 그 그룹의 후보생들도 모두 우수한 성적으로 통과했습니다.

그 사나이가 바로 '큰 바위' 임태희 청와대 대통령실장이었습니다. 저는 그때 같은 남자로서 1차적으로 그가 가지고 있는 엄청난 스태미너에 놀랐고, 그보다 그런 힘이 있으면서도 자제할 줄 알고 함께 살 수 있는 길을 보여준 그 태도에 더 크게 매료되었습니다. 저를 비롯하여 같이 뛴 우리 후보생들이 주도가 되어 우리는 그를 공군 사관후보생 77기 '명예위원장'에 추대했습니다.

"죽도록 맞고 항복한 후보생과 끝까지 버틴 명예위원장"
– 임관을 한 달여 앞둔 어느 날 오후

후보생 훈련 생활에서 들어가고 나가는 날은 알겠습니다만, 매일매일의 날짜는 정확하게 기억하지 못하겠습니다.

여느 때와 같이 우리는 훈련의 일환으로 소위 PT체조를 하고 있었습니다. 구대장은 자세가 불량한 후보생들을 손으로 가슴을 치거나 발로 걷어찼습니다. 걷어차인 후보생들은 그 자리에서 바로 넘어져야 했습니다.

그러나 저는 뒤에서 걷어차이고도 바로 넘어지지 않았습니다. 아마 그 구대장께서는 그런 저의 행동을 도전으로 생각했던 것 같습니다. 엄청나게 맞았습니다. 저는 자존심이고 뭐고 다 던져버리고 급기야 "살려주세요"라고 했고, 보다 못해 옆에 있던 다른 구대장과 후보생들이 말렸습니다.

만신창이가 된 저는 내무반이 아니라 구대장실에 격리되어 누워 있었습니다. 바깥이 소란스러워지면서 구대장들이 분주하게 왔다 갔다 하는 소리가 들렸습니다. 그 시절 군에서는 상상도 할 수 없는 일종의 후보생 '데모(농성)'가 일어난 것입니다. 임태희 명예위원장이 호출되어 내가 누워 있는 구대장실로 들어왔습니다. 선임 구대장은 "명예위원장이 책임을 지고 후보생들을 해산시켜야 한다"라고 명령했고, 명예위원장은 "사과와 재발 방지 약속 없이는 어렵다"는 요지의 대화가 있었던 것으로 기억됩니다.

명예위원장은 아무런 죄 없이 엄청 당하고 선임 구대장의 "엎드려뻗쳐"라는 지시에 저녁 8시부터 새벽 1시까지 무려 5시간을 그 자세로 있었습니다. 급기야 교육대대장(공군 중령)의 중재로 후보생들은 새벽 1시에 내무반에 들어왔고, 이튿날 전 후보생들은 아침 식사를 거부하는 것으로 사건은 일단락되었습니다.

저는 명예위원장의 맷집과 인내심에 또 한 번 놀랐습니다. 저 같은 경우에는 보통 그 자세로 1시간도 버티기가 어려웠거든요. 그리고 아무리 어려운 상황이라도 옳지 않은 일이라고 판단되는 일에는 자기희생으로 방어하는 모습이 참으로 감동적이었습니다. 누워 있던 제가 미안하기까지 했습니다.

만약 그때 일이 잘못되었더라면 저는 어떻게 되었을까요? 저는 덕분에 무사히 임관했습니다. 그러나 기대했던 대구가 아니고 경남 사천 비행장의 정훈장교로 임관했습니다. 그 당시 공군본부에 있던 처가 쪽에 가까운 어른에게 대구로 이동을 부탁했습니다.

전근은 되었지만, 훗날 장모님께 씁쓸한 이야기를 들었습니다. "이 서방은 임관 순위가 꼴찌이고, 게다가 '군 생활 부적응 가능성이 있음'이라는 꼬리표가 있더라"는 것입니다. 그 이후 처가 쪽에는 아무리 어려운 일이 있어도 청탁성 부탁은 하지 않았습니다.

"기대할 수밖에 없는 임태희의 역량"
- 어려운 요즈음에 생각나는 사람

우리나라의 현실은 시기적으로 매우 어렵게 진행되고 있습니다. 좀처럼 실마리를 찾지 못하고 있는 북핵과 관련된 대북 문제와 백약이 무효인 청년실업 문제 등 난제가 한두 가지가 아닙니다. 총선과 대선을 앞둔 지금은 상대방을 헐뜯기 위한 모함과 음해가 난무합니다.

이런 시기에 누구인들 이 많은 난제들을 cure-all 할 수 있는 장사 (壯士)가 있겠습니까마는, 현 정치권에서 임태희 실장님의 역할을 기대하지 않을 수 없습니다. 젊은 시절 만난 이후 제가 관찰한 그는 이 시기에 꼭 필요한 사람이라는 생각을 지울 수 없습니다. 그는 무엇보다 같이 살아가는 방법을 아는 사람입니다. 북한 사람과 남한 사람, 기성 세대와 젊은 세대, 가진 자와 못 가진 자, 대기업과 중소기업, 건강한 사람과 장애를 가진 사람이 함께 win-win하는 방법을 알고 실천하는 사람입니다.

임태희 실장님의 건승을 기원합니다.

부산대학교 경제통상대학 공공정책학부 교수

혜철 이상철

1982년 공군 장교 입교식 대표 선서

1982년 공군 장교 훈련 시절 (뒷줄 가장 왼쪽)

Part II

Impossible

불가능했던
교육개혁

대한민국은 교육을 통해 기적을 이룬 나라다.

전쟁의 폐허 위에서 아무것도 가진 것 없던 나라가 가정마다 책상을 놓고, 부모의 한 세대가 자녀를 위해 삶을 통째로 바치며, 지식과 기술, 인재의 힘으로 오늘의 산업화·민주화·정보화·세계화를 이뤄냈다.

교육은 이 나라를 단단하게 만든 유일한 자산이었다. 누구나 공부할 수 있는 사회, 노력하면 계층을 넘을 수 있다는 믿음. 학교는 단지 지식을 전달하는 곳이 아니라 희망을 통째로 품는 공간이었다. 그것이 '대한민국형 교육 성공 모델'의 기반이었다.

그러나 교육의 변화는 사회의 변화를 따라가지 못한다. 어쩌면 교육의 이런 지체현상이 전 세계에서 가장 교육열 높은 우리나라에서 아직까지도 교육이 풀리지 않는 난제로 자리 잡고 있는 이유인지 모른다.

지금 우리나라의 입시 위주 교육 구조는 한계에 봉착했다. 지식 암기 중심의 교실은 현실과 동떨어져 있고, 미래사회가 요구하는 창의성·연결성·인성은 여전히 변방에 머물러 있다. 학부모는 불안을 호소하고, 교사는 소진되고, 학생은 수업의 의미를 묻고, 사회는 교육을 신뢰하지 못하는 상황이다.

교육의 판을 바꿔야 한다. 교육이 작동하는 전체 시스템과 철학을 국가적 차원에서 다시 짜야 한다. 정치, 경제, 복지, 산업, 기술, 문화, 외교… 대한민국의 거의 모든 정책은 교육과 맞닿아 있다. 따라서 교육개혁은 단순한 부처 간 조율이 아니라 국가전략으로서의 교육을 어떻게 다시 설계할 것인가의 문제다.

이제는 지식 중심 교육에서 삶 중심 교육으로 나아가야 한다. 성적 중심 경쟁에서 성장 중심 맞춤형 교육으로 옮겨가야 한다. 교실 안에서 머무는 교육이 아니라, 사회 전체를 배움터로 바꾸는 교육이 되어야 한다. 교육의 판을 바꿔야 한다. 그리고 그 변화는 지금 당장 시작되어야 한다.

변화하는 사회, 변화하지 않는 교육

지금 이 순간도 세상은 너무 빠르게, 너무 다르게 급변하고 있다. 기술은 인간의 사고 속도를 넘어섰다. 인간이 수십 년에 걸쳐 습득하는 지식의 구조를 인공지능은 단 몇 초 만에 분석하고 학습해버린다. 앞으로 살아갈 세상이 어떤 모습일지 알 수 없다. 미래는 그 누구도 가보지 않은 길이다. 이 길을 준비하기 위한 것이 바로 교육을 이야기하는 이유다.

우리 아이들에게 어떤 교육을 할 것인가. 교육은 미래사회를 위한 설계도이다. 우리의 교육 시스템은 정교하게 설계되었고 수많은 법령과 규정, 제도와 행정은 그 체계를 견고하게 지탱해왔다. 한때 교육의 신뢰를 높이고 공정한 기회를 보장하던 안전장치, 나아가 산업화와 정보화를 이끌었던 행정 체제가 이제는 변화의 발목을 붙잡고 있다.

　교육부와 교육청은 규정·매뉴얼을 매우 상세하게 만들어놓았다. 문제는 스스로 만든 그 틀에 스스로 묶여버렸다는 점이다. "거기에 없기 때문에 못 한다"는 것이 많은 결정의 이유가 되어버렸다. 그 순간부터 규정은 수단이 아니라 목적이 되고, 매뉴얼은 안내서가 아니라 통제 도구로 기능하게 된다. 교사는 자율보다 매뉴얼을, 학교는 창의보다 절차에 얽매였다. 무엇 하나 바꾸기가 쉽지 않았다.

　변화하는 시대에 교육이 유연하지 않다면, 정책은 아이들을 위해 존재할 수 없다. 행정은 매뉴얼을 따르지만, 교육은 현실을 따라야 한다. 현재의 교육행정은 전통적인 위계 중심의 '메카닉 조직(Mechanic Organization)'에 가깝다. 모든 지시가 위계적 구조이고, 변화에 둔감하며, 경직되어 있다. 그러나 사회는 빠르게 변화하고 있다. 고정된 규칙보다 유연한 사고가, 지시보다 협력이, 절차보다 맥락에 반응하는 실행력이 요구되는 시대다.

　이제는 교육행정 역시 메카닉 조직에서 '오가닉 조직(Organic Organization)'으로 전환해야 한다. 메카닉 조직은 마치 기계처럼 딱딱하게 구조화되어 운영되는 형태를 말한다. 명확한 위계질서, 정해진 역할, 엄격한 규칙과 절차에 따라 움직인다. 구성원 각자가 자신의 위치에서 주어진 임무를 수행하고, 상명하복의 원칙이 강하게 작동한다. 반면, 오가닉 조직은 수평적 구조로 자율과 협업을 중심으로 환경 변화에 빠르게 대응할 수 있다. 조직 전환은 교육의 실행력을 높이고, 학교 현장의 창의성과 다양성을 촉진한다.

'변화에 둔감한 시스템', '견고한 성벽' 등의 말을 학교에 빗대어 이야기한다. 급변하는 시대, 행정 절차가 혁신보다 앞설 때, 아이들은 시대에 맞지 않는 수업을 들을 수밖에 없다.

지금 이대로 괜찮은가? 교육이 이렇게 늦어도 되는가? 지금 바꾸지 않으면, 10년 뒤에도 똑같은 질문을 하게 된다. 경기교육은 그래서 '가보지 않은 길'을 선택했다.

"지금 이대로 괜찮은가? 지금 바꾸지 않으면, 10년 뒤에도 똑같은 질문을 하게 된다."

*2023년 5월, 2023 교장 지구장학협의회 워크숍

좋은 대학이 성공을 보장한다는 가장 오래된 착각

"좋은 대학에 가면 성공할 수 있다."

이 말은 수십 년간 대한민국 교육의 절대적 신념이었다. 지금도 대입은 여전히 부모의 인생 과업이자, 자녀의 정체성이 된다. 입시설명회는 대기업 IR 발표 못지않게 붐비고, 전국에서 서울의 대치동으로 몰려든다. 최근 학원가 한복판에 캠핑카도 등장한 이곳은 K-컬처만큼이나 알려져 전 세계 수험생들이 몰려든다고 한다.

입시는 '진학'이 아니라 '생존'이었다. 하지만 사회는 더 이상 과거처럼 움직이지 않는다. 좋은 대학을 나와도 취업은 보장되지 않고, 설령 대기업에 들어가도 1년 안에 그만두는 신입사원이 많다.

그렇다면 우리는 무엇을 위해 이렇게 치열하게 교육받고 있는가? 교육의 목적은 '성장'보다는 '통과'가 되었고, 학습의 방향은 '입시'로 고정됐다. 그 결과, 학생은 점수에 길들여지고, 교사는 문제 풀이에 매몰되고 있다.

이런 구조는 어디서부터 잘못된 것일까? 한국 교육은 '정답이 있는 문제'를 빠르게 푸는 능력을 최우선으로 요구해왔다. 그러나 지금의 사회는 정답보다 질문을 던지는 힘, 그리고 새로운 문제를 함께 풀 수 있는 문제해결력과 협업의 역량을 요구하고 있다.

현실이 이렇게 변했는데도 우리는 여전히 대학 입학이 끝이라고 믿는다. 대학은 이제 더 이상 인생의 보증수표가 아니다. 성공은 더 이상 입학으로 결정되지 않는다. 기업들은 스펙보다 '문제해결력'을 본다. 경험보다 '실행력'을 묻는다. 대학 간판보다 '태도'와 '사고력'이 우선이다. 점수를 위한 공부에서 미래를 위한 배움으로 방향을 전환해야 한다.

대한민국 교육은 지금, 완전히 새로워져야 한다. 이러한 교육의 본질을 회복하기 위해 가장 중요한 핵심은 대학입시 제도다.

대한민국 교육의 3분의 1을 책임지고 있는 경기도교육청이 학생의 미래교육을 준비하면서 대학입시에 대해 관심을 갖지 않는 것은 교육감으로서의 직무유기이다. 대학입시가 달라져야 우리나라 교육이 변하고, 대한민국의 미래가 밝아진다.

"대학입학정보박람회의 긴 줄은 관심이 아니라,

우리 입시제도가 만든 불안이었다."

Impossible

73

2024년 7월 19일, 일산 킨텍스에서 열린 '2025년 대학입학정
보박람회'에 참석해 수많은 학생과 학부모님들을 만난 후, 나는
늦은 밤까지 깊은 고민에 빠졌다.

이른 아침부터 길게 늘어선 줄, 아이들의 간절함과 학부모님
들의 시린 기다림을 목격한 이상 더는 방관할 수 없었다.

지금까지 알고도 바꾸지 못했던 현실 앞에서, 더 늦기 전에
반드시 해결의 길을 찾아야 한다고 다짐했다. 바로 그날, 내 페이
스북에 기록했던 다음 글은 더 이상 미룰 수 없다는 절박함과 함
께 작성한 굳은 의지였다.

한국교육의 미래는 대학입시 개혁에 달려있다

사전신청자만도 1만 5천 명.

1:1 상담신청은 오픈하자마자 순식간에 마감.

개막 당일 06시부터 학부모님들께서 긴 줄을 서서 기다리는 현실.

"이런 현상이 정상인가. 이렇게 안 하고는 대학에 갈 수 없을까. 이런 상황이 우리 교육 현장에서 언제까지 계속돼야 하나. 선진국에서도 있는 일일까. 어디서 시작되고 어디가 문제인가. 무엇을 고치면 달라질까. 수험생과 학부모들이 저토록 간절한데 왜 안 고쳐질까. 정부가 추진 중인 교육개혁이 완성되면 달라질까. 경기도를 비롯해 각 시·도교육청이 추진하는 현장교육의 혁신이 이루어지면 달라질까. 아니 그 노력들이 이런 현상을 달라지게는 할 수 있는 것일까."

늦은 밤까지 깊은 고민을 계속하며 제 생각을 정리하려 합니다. 과거 국가운영의 중심에서, 그리고 한때 대학총장으로 일했고, 지금은 경기도 유·초·중·고 교육을 책임지고 있는 교육감으로서 우리의 미래를 이끌 아이들을 위해 반드시 해결하는 데 역할을 해야겠다는 소명감을 다지며 말입니다.

결론부터 정리하면, 결국 '대학입시가 달라져야 한국교육이 근본적으로 변하고 미래가 있다'고 확신합니다.

사실 대학입시를 둘러싼 이런 행태는 어제오늘의 일이 아니라 수십년간 반복돼 왔습니다. 제 경우만 해도 아이들이 수험생일 때는 이런저런 문제의식이 있었습니다. 그러나 그 시기가 지나고 나니 언제 그랬냐는 듯 관심 밖의 일이 돼버립니다. 아마 우리 국민 대부분이 제 경우와 비슷하리라 짐작됩니다. 그래서 늘 뜨거운 이슈면서도 잘 바뀌지 않는 게 대학입시 제도인 것 같습니다.

문제는 대입 제도가 그 이전의 교육과정, 특히 고등학교 교육에는 절대적인 영향을 주고 있다는 점입니다. 교육현장에서 보면, 유·초·중 교육에 많은 변화와 노력이 있어왔고 나름의 성과도 분명히 있지만, 고교 단계에서는 대입을 위한 시험 준비에 모든 에너지가 집중되어 그 이전 단계까지의 교육적 성과와 가치가 사실상 흔들리고 무너지게 되는 것 같습니다.

역사적으로 우리 교육은 대한민국이 발전하는 과정에서 가장 핵심적인 원동력이었음이 분명합니다. 그러나 지금 우리나라가 처한 상황과 세계적 변화 흐름을 고려할 때, 대학입시가 절대목표가 되어 모든 시선이 그곳으로 쏠리게 되는 현실을 바꿔야 한다는 공감대가 교육 현장에는 이미 넓게 퍼져 있습니다. 우리 아이들이 살아갈 미래시대에 필요한 교육을 위해 공교육 차원에서 많은 노력을 해왔지만, 결국 사교육에 대한 의존이 여전한 것은 대입 제도에 그 뿌리가 있다고 생각합니다.

사정이 이렇다 보니, 대학평가에서 교양교육이 주요 항목이 되고, 일단 대학에 입학하고 나서 전공을 정하도록 하는 제도까지 나옵니다. 고교 교육이 오로지 대학입시에만 편중돼 있는 문제를 인정하는 데서 나온 정책들로 보입니다. 그러면서 이런 생각이 듭니다. "대학선발제도가 교육 본질을 강화하고 미래에 대비하는 방향으로 바뀌면, 우리가 고민하는 현장의 교육혁신이 어쩌면 가장 빠르고 확실하게 이루어질 것이다", "이번 〈대학교육박람회〉 같은 행사는 더 이상 필요 없어지게 될 것이다"라고.

경기도교육청이 나서야겠습니다. 앞장서야겠습니다. 경기교육가족이 함께 힘을 모으면 해낼 수 있을 것 같습니다. 방안을 마련하겠습니다. 학생, 학부모, 교직원뿐 아니라 대학, 정부, 국회와 민간 등 다양한 분야와 충분히 논의하겠습니다. 많은 논란과 반론도 예상합니다. 하지만 아이들이 좋아하는 것, 잘하는 것, 그리고 행복하게 살아가는 데 필요한 것을 교육하기 위해 꼭 해야 하는 과제이기에 소통하고 노력하겠습니다. 대학입시가 달라져야 우리 교육의 미래가 있다는 신념으로 구체적인 준비를 시작하겠습니다.

이후 경기도교육청은 우선 내·외부 전문가 60여 명으로 구성된 '미래 대학입시 개혁 전담 기구'를 조직해 지속적인 개선 방안을 논의하고, 2025년 '미래 대학입시 개혁안'을 발표했다.

시도교육감협의회와 대학교육협의회 간담회에서도 '미래 대학입시 개혁안'을 제안하고 협력 방안을 논의했다. 개혁안은 '학생 내신평가 5단계 절대평가 실시, 2026학년도 중학교 1학년 입학생부터 서·논술형 지필평가 점진적 확대', '2032학년도 대학수학능력시험부터 전면 절대평가 적용 및 서·논술형 평가 도입, 수능 시기 조정 및 수시·정시 통합 전형 운영' 등을 담고 있다.

경기교육은 '미래 대학입시 개혁안'이 성공적으로 안착하도록 입시개혁에 가장 중요한 정책 연결자이자 설계자 역할에 앞장서고 있다. AI 기반 서·논술형 평가 시스템을 완성하고 일련의 숙의·논의와 사회적 공론화 과정을 거쳐 가능한 한 빠른 시기에 대학입시안을 확정할 계획이다.

2025년 4월 19일에는 서울대 교수회에서 '대한민국 교육개혁 제안'을 공개했다. 대학 학사운영 자율성 강화, 열린 전공 확대, 지방거점국립대와 공동학위제 운영, 연중 수능 다회 실시, 중·고교 6년제 통합 등의 제안을 담아 내놓은 교육 정책 제안이었다. 나는 이 제안에 반대 입장을 밝혔다. 다음은 입장문의 내용이다.

서울대학교 교수회에서 발표한 '대한민국 교육개혁', 문제 있다

최근 서울대학교 교수회에서 '대한민국 교육개혁 제안'을 발표했다. 학문의 전당이 오히려 교육의 본질을 놓치고 있다는 안타까움과 유감을 표한다. 이러한 방향이 진정한 교육혁신이 될 수 있는가?

첫째, 교육의 방향성과 정면으로 역행한다.

서울대 교수회는 학생 선택권 확대를 위해 수능을 연중 3~4회 실시하자고 제안했다. 이는 교육이 아닌 시험을 중심에 둔 개편이며, 교육의 본질을 훼손하는 제도적 역주행이다. 지금 대한민국이 나아갈 방향은 문제해결력, 창의력, 자기주도성을 키우는 역량 중심 교육이다. 이는 결국 미래교육의 핵심 방향이 되어야 한다.

해당 제안은 유·초·중·고교 교육과정을 암기식 중심, 정답 맞히기 중심의 평가 체계로 회귀하는 구시대적 접근이다. 이제 줄 세우기식 상대평가에서 벗어나야 한다. 교육은 고정된 시험이 아닌, 열린 사고와 창조적 사고를 키워야 한다.

둘째, 대입 제도 개혁의 흐름과 맞지 않다.

경기도교육청은 교육부와 각 시·도교육청과 함께 대입 개혁을 주도하고 있다. 이는 서·논술형 평가 확대, 절대평가 도입, 수시·정시 통합 등으로 미래사회를 이끌어갈 역량 있는 학생들을 선발하기 위해 재편하는 노력이다. 유·초·중·고교에서 미래 준비를 위한 교육 체제로 바뀌더라도 정답 맞히기식, 줄 세우기식의 현행 대학입시 제도가 있는 한 교육의 근본적인 변화를 가져오기는 어렵지 않은가.

입시제도 개혁 논의에서 대학, 특히 서울대는 중심에 있다. 이런 서울대 교수회의 제안은 관성에 불과하다. 대학은 사회적 책무를 망각하지 말아야 한다.

셋째, 학생에게 과도한 학습 부담을 초래할 수 있다.

수능 횟수 증가와 기존의 평가 방식은 학생들에게 과도한 경쟁을 유발할 가능성이 크다. 이는 사교육 의존도를 높이고, 교육비 부담을 심화시키는 일이다. 반복되는 시험, 획일화된 문제풀이식 학습으로 무한경쟁의 늪에 빠지게 할 수는 없다. 교육에 필요한 것은 공교육의 내실화와 학생 한 명 한 명에게 맞춤형 학습 기회를 제공하는 체계적 지원이다. 경기교육은 하이러닝, 공유학교, 온라인학교, IB 등을 통해 학생의 주도성과 역량 중심의 교육을 실현해가고 있다.

교육은 국가의 미래를 결정짓는 핵심 정책이다. 경기교육은 모든 학생이 자신의 꿈을 실현하고, 세계시민으로 성장할 수 있도록 교육의 질을 높이고, 기회의 격차를 줄이는 데 최선을 다할 것이다. 서울대학교 교수회는 한국 교육의 진정한 방향을 다시 바라보길 바란다.

미래교육은 학생에게 암기력이나 지식보다 자기주도성, 창의력, 문제해결력, 기본 인성을 갖추는 것을 본질로 하고 있다. 서울대 교수회의 개혁안은 이와 정면으로 배치되는 내용이었다.

이 개혁안에는 대학수학능력시험을 1년에 3, 4회 실시해야 한다는 내용이 담겼다. 겉보기에는 학생의 응시 기회를 늘려 수능 부담을 줄이는 제안으로 보이지만 유·초·중등교육 과정을 시험 중심으로 회귀시키는, 미래교육의 본질과 배치되는 제안이었고 학생 개개인의 재능에 맞는 성장을 돕는 교육이 아닌 성적 위주의 줄 세우기로 아이들을 다시 무한경쟁의 늪에 빠뜨릴 수 있다.

진정한 교육 개혁을 이루려면 대학입시 개혁이 필수이다. 경기도교육청은 '대학입시 개혁 공론화를 위한 특별전담기구'를 꾸려 대입 개혁을 추진하고 있는 만큼 서울대 교수회와 머리를 맞대고 대입 제도 개혁을 비롯해 학생을 중심에 둔 미래교육의 방향을 논의하는 자리가 마련되기를 기대한다.[*]

[*] 대입 제도 개편에 대한 내용은 Part V. 〈교육감으로서의 사명 "대한민국 대학입시 개혁", 깃발을 들다〉에서 상세히 다루고자 한다.

'사교육 공화국'으로 불리는 대한민국

대한민국은 세계에서 손꼽히는 사교육 강국이라고 한다. 2024년 기준 전국 초·중·고 학생의 사교육 참여율은 78.5%에 이른다. 사교육비 총액은 30조 원에 육박하며, 학생 1인당 평균 사교육비는 매년 상승하고 있다. 그 속에서 부모의 경제력이 자녀의 교육 기회를 좌우하고, '공정한 출발선'이라는 말은 갈수록 무색해지고 있다.

사교육은 특정 학생에게 유리한 도구일 수 있지만, 전체 교육 생태계에는 치명적인 균열을 만든다. 학교에서보다 학원에서 먼저 배우고, 학교는 그 복습처로 전락한다. 교사는 동기 잃은 학생들 앞에서 수업을 반복하고, 학생은 시험만을 위한 공부에 몰두하며 배움의 의미를 잃는다.

현실은 결국 공교육에 대한 신뢰 하락으로 이어진다. 아이들의 하루는 학원에서 시작되고 학원에서 끝난다. 교실에서의 단지 졸업 시수를 채우기일 뿐인 경우가 많다. 학교는 이래서는 안 된다. 이대로라면 공교육은 더 이상 학생의 삶을 이끌어갈 수 없다.

경기도교육청은 이러한 악순환을 끊기 위한 근본적인 전략으로 '학습안전망'을 구축하고 있다. 그 핵심은 공교육이 다시 배움의 중심이 되고, 학생이 자율적으로 성장할 수 있는 환경을 조성하는 것이다.

공정한 교육은 학생들의 다름을 인정하고, 각자의 방식으로 성장할 수 있도록 돕는 것이다. 모든 아이는 다르다. 똑같은 커리큘럼을 똑같은 시간에, 똑같은 방식으로 가르치는 교육은 공정하지 않다. 우리는 교육을 통해 학생 한 명 한 명의 가능성을 발견하고 키워야 한다.

다문화 학생, 농산어촌 학생, 장애 학생을 위한 맞춤형 프로그램을 확대하고, '학교 밖 학생'에게도 학습 경로를 제공하고 있다. 소외되는 학생이 없도록 모두가 연결되고 성장하는 시스템을 만드는 것이 우리의 목표다.

우리는 학교에서 학생의 가능성이 가장 깊이 발현될 수 있도록 제도를 넘어 문화까지 바꾸는 노력을 하고 있다. 그것이 바로 공정한 교육이고, 학생 중심의 공교육이다.

Part III

Possible

교육개혁을 가능케 하는
세 가지 원칙

경기교육이 추구하는 핵심 가치는 "자율, 균형, 미래"다. 이 세 가
지는 경기미래교육청이 지향하는 방향이자, 경기교육 정책 전반
을 관통하는 실천적 기준이다. 자율, 균형, 미래는 서로 긴밀히
연결되어 있다.

경기도교육청 정책 로고

자율

취임 첫날, '새로운 경기교육'의 출범을 알리며 경기도 내 모든 학교를 대상으로 '등교시간 자율화'를 시행했다.

학교에서 등교시간은 하루의 시작이다. 그런데 그 시간조차 학교가 자율적으로 운영하지 못하도록 하는 게 옳을까 생각하며, 학교 자율화의 첫걸음으로 등교시간 자율화를 결정했다. 당시 학교들은 도교육청의 지침에 맞춰 일괄적으로 9시 등교를 시행하고 있었다. 학생들이 일찍 학교에 와도 교실은 닫혀 있고, 선생님들도 출근 전인 경우가 많았다. 현장의 목소리를 들어보니, 해가 긴 여름에 서머타임을 운영하듯 상황에 따라 유연하게 운영할 수 있게 하면 좋겠다는 의견들이 적지 않았다.

경기도는 각 학교와 지역이 가진 여건과 특성이 매우 다양하다. 교통 여건, 교육 환경, 학생과 학부모의 생활 여건, 교육적 관심과 요구 등이 다르고 차이도 크다. 현장의 상황들을 고려할 때 학교를 획일적 지침하에 운영토록 하는 것은 적절하지 않다고 판단했다.

도교육청은 각 학교가 처한 상황에 따라 등교시간을 자율적으로 운영할 수 있도록 했다. 동시에 교육 현장의 정책 의도를 살피거나 다르게 하기보다는 같게 하는 게 안전하다는 식의 관행적 행태도 감안했다. 그리고 진정한 자율이 현장에서 실행되기를 기대하며, 등교시간에 대한 어떠한 통계나 보고도 일절 받지 않았다.

이 정책은 "바꾸고 새롭게"를 실천할 경기교육의 정책기조 '자율, 균형, 미래' 중에서 자율을 기반으로 현장에서 가장 먼저 추진된 사례였다. 그러나 반대 의견도 만만치 않았다. 지난 13년간 경기교육을 사실상 주도했던 전교조는 '0교시의 부활'을 기정사실화하며 반대 입장을 냈다. 일부 단

경기도교육감 후보 당시 내세웠던 '9시 등교제 폐지' 정책

체에서는 진보 교육을 폐기하려는 의도가 있다고 정치적 해석을 하는가 하면, 또 다른 단체에서는 형식은 '자율화'이지만, 실질은 '9시 등교제 강제 폐지'라며 중단을 촉구했다. 학교 현장에서도 이러한 일부의 움직임을 의식해서인지 새로운 변화를 고민하기보다 다른 학교의 동향을 살피거나 일단 관망하는 분위기가 많았다.

자율! 스스로 책임지고 결정토록 하는 일이 우리 교육 현실에선 이렇게 어려운 일인가? 그럼 학생들에게는 어떻게 자율성을 갖추도록 교육할 수 있을까? 그래서 취임 후 가진 첫 기자간담회에서 거듭 내 생각을 밝히고 소통의 기회를 가졌다. "9시 등교제를 금지하라는 것이 아니다. 학교 구성원들이 의논해서 상황과 여건에 맞게 등교시간을 자율적으로 운영하도록 하자"라고.

왜 자율인가?

　우리 교육에서 학교는 학생들이 인성과 역량을 갖추고 미래를 준비하도록 성장시키는 가장 기본적이고 중요한 교육 현장이다.

　선거운동을 하며 수많은 교육가족을 만났다. 그들이 전한 학교 현장의 모습은 실로 걱정스러웠다. 하나같이 "학교가 본연의 업무에 집중할 수 없다"는 고충과 하소연. 그 이유는 이랬다. 교육청과 지원청에서 쏟아지는 지시, 지침과 보고, 평가와 관리 등이 너무 많다, 공문만 해도 연간 1만여 건이 훨씬 넘는다는 얘기였다. 그렇다 보니 학교의 교직원들은 교육 본연의 업무보다 주변 업무 처리에 급급한 경우가 많아 심각한 상황이라는 것이었다.

학생들의 자율에 대한 인식과 행동은 어떤가? 학생들에게는 스스로 판단하고 활동할 자유와 권리의 소중함, 그에 따른 책임도 알고 행동할 수 있도록 교육해야 제대로 된 자율교육이라 생각한다. 하지만 현실은 그렇지 않았다. 자유와 권리에 치우쳐 책임은 거의 자리 잡지 못했다. '학교의 자율성이 부족한 현실에서 학생들에게 자율에 대한 교육이 제대로 이루어질 수 있을까'를 생각해보면, 어쩌면 당연한 결과일 수 있겠다는 생각마저 들었다.

나는 이러한 현실을 보며 확신하게 되었다. 학교 교육에서나 교육행정에서부터 자율이 기초가 되지 않으면 대한민국 교육은 미래로 나아갈 수 없다. 자율은 개인이나 조직, 나아가 사회의 가장 강력한 힘이며, 성장과 발전의 에너지이다. 자기주도적으로 결정하고 스스로 책임지는 자율이야말로 교육의 가장 기본이고 기초가 되는 가치라고 생각한다.

나는 자율의 힘보다 강한 것은 없다고 믿는다. 자율은 주인의식에서 나온다. 개인은 물론 가정, 학교, 사회공동체 어디서든 구성원들이 자율적으로 판단하고 행동할 때, 즉 주인의식을 가질 때 진정한 변화가 가능해진다. 자율이 없는 교육에서는 창의도 책임도 지속성도 기대할 수 없다. 단지 따라 하기, 암기 그리고 정답 찾기 기술만 느는 퇴행적 교육만 남게 될 것이다.

자율의 힘을 현장에서 확인하다

시간이 흘러 자율 분위기가 확산되자, 학교에서는 각자의 방식으로 의미 있는 변화들을 만들어내기 시작했다. 인상 깊었던 방문 현장 몇 곳을 소개하고자 한다.

평택 팽성초등학교에 생존수영장이 생겼다. 주변에 수영장이 없던 팽성초등학교는 "생존수영만큼은 초등학교 때 완벽하게 익혀야 한다"라는 교장선생님의 의지로 400여만 원의 자율예산을 사용해 학교 운동장 한쪽에 간이 수영장을 설치했다.

학교마다의 필요에 따라 재량껏 쓸 수 있게 한 자율예산. 이 예산으로 큰돈 들이지 않고, 비록 간이 수영장이지만 팽성초등학교는 물론, 주변의 수영장이 없는 다른 학교 학생들에게도 개방하여 아이들이 학교 안에서 안전하게 생존수영을 배우는 모습은 지금도 눈에 선하다.

생존수영 지도는 해양구조사 자격을 가진 한 학부형께서 담당해주셨다. 많은 학부모님께서는 안전요원을 자처해 활동해주셨다. 배우는 아이들, 응원하고 도와주시는 선생님들, 봉사하는 부모들 모두가 즐겁고 행복해 보였다. '자율의 힘이 무엇인가'를 보여주는 현장의 모습이었다.

성남 늘푸른고등학교의 등교시간도 기억에 남는다. 늘푸른고등학교는 원래 9시 등교다. 그러나 3학년 학생들에게는 대학수학능력시험을 몇 달 앞두고는 등교시간을 수능 시작 시간인 8시 30분으로 앞당겨 미리 적응하게 했다. 물론 학생·학부모·교사 등의 의견 수렴을 거쳐 결정했다고 한다.

3학년 학생들의 만족도는 높았다. 수능 시간에 맞추어 컨디션을 조절할 수 있었고, 점심시간 이전에 4교시가 끝나 오후 일정에 여유가 생긴 덕분이다. 등교시간을 30분 앞당기는 것은 작은 변화지만, 수능을 앞둔 학생들을 존중하고 세심하게 배려하는 교육 현장의 자율적 노력에 감동과 보람이 느껴졌다.

안양 박달중학교의 등교맞이 행사를 떠올리면 아직도 빵 굽는 냄새가 나는 듯하다.

이 학교는 8시 20분부터 등교를 시작, 8시 40분에는 오아시스(오늘 아침 시작은 스포츠로!) 프로그램을 운영, 9시 15분에 1교시를 시작한다. 교장선생님을 비롯한 선생님들께서는 등교하는 학생들과 교문 입구에서 하이파이브로 인사를 하고, 등교한 학생들은 운동장에서 미리 준비된 오아시스 프로그램에 참여했다. 학부모님들께서는 등교하는 학생들에게 따뜻한 호떡 나눔 행사를 진행 중이었다. 교육공동체 모두가 행복하고 활기차게 하루를 시작하는 흐뭇한 광경이었다.

'하하호(떡)호(떡) 상호존중 등교맞이'라는 이름으로 진행되는 학부모님들의 자율적인 행사를 통해 학교 구성원 모두가 한

2025년 4월, 안양 박달중학교 등교맞이 행사

가족처럼 화목해 보였다. 그런 영향인지 박달중학교에서는 학교폭력이나 학내 갈등으로 구성원들이 힘들었던 사례가 없다고 한다. 자율의 힘이 아니면 있을 수 없는 상황 아닐까?

자율은 지켜져야 할 원칙이자 가치이다

자율은 경기교육을 지탱하는 핵심 기둥이다. 경기교육 현장의 자율이 학교를 넘어 주변 지역으로, 나아가 도 전역으로 확산

될 때, 이것은 곧 대한민국 교육의 미래를 이끄는 동력이 될 것이다.

교육에서 자율은 흔들려서는 안 되는 원칙이고, 반드시 지켜야 할 가치이다. 자율을 제한하고 거꾸로 되돌리는 것은 교육의 심각한 퇴행이다.

학생들이 살아갈 미래는 누구도 경험하지 못한 세상이다. 이런 미래에 대비해 우리 교육은 학생들에게 스스로 결정하고 책임지는 자율에 바탕을 두어야 한다. 그래야 미래사회에 필요한 자기주도력과 문제해결 역량을 갖출 수 있다. 그러므로 교육에서 자율은 더욱 소중한 원칙이요 가치이다.

"나는 자율의 힘보다 강한 것은 없다고 믿는다."

*2022년 10월, 성남 늘푸른고등학교 방문

'자율'이 불러온 변화의 바람

우리는 언제부터 자율을 배워왔을까.

스스로 뭔가를 해보겠다고 나섰던 그 첫 시도는 생각보다 오래전이다.

혼자서 양말을 신겠다고 버둥대고, 서툰 젓가락질로 밥을 먹으려던 어린 날. 이런 성장의 시작에는 늘 '스스로 해보려는 마음'이 있었다. 1990년대 중반 아이들이 어릴 때 함께 보던 유아 프로그램 중에 〈혼자서도 잘해요〉가 있었다. "꺼야 꺼야 할 거야, 혼자서도 잘 할 거야"라는 귀여운 주제곡의 노랫말에도 스스로 해보겠다는 마음, 해내는 기쁨이 담겨 있다.

작은 성공이 쌓여 자신감으로 이어지고, 그 경험은 누가 시키지 않아도 먼저 해보는 아이로 성장하게 했다. 자율은 그렇게 시작되었다. 어른이든 아이든 다르지 않은 마음일 것이다. 자연스럽게 배워왔던 자율은 이미 알고 있었고, 이미 해보았던 기억이다. 경기교육은 그 자율을 다시 교육의 중심으로 되돌리고자 한다.

경기교육에서 이제 자율의 바람은 실제 변화로 이어지고 있다. 교사와 함께 논의하고 학교가 스스로 결정하는 모습이 펼쳐지는 현장은 우리 교육에 희망을 품게 한다. 이제 그 이야기들을 하나씩 꺼내보고자 한다.

경기교육의 자율정책은 교사로부터 시작되고 있었다. 그 중심에는 교사들이 자발적으로 모여 연구하고 실천하는 '경기도교육연구회'가 있다. 이제 교사들은 스스로 현장의 문제를 찾아 연구하고, 해결책을 제안하며 변화의 흐름을 만들어가고 있다.

2022년 502개 → 2025년 861개, 급속도로 확장된 경기교육연구회

2025년을 기준으로, 연구회의 전체 규모는 861개, 참여하고 있는 선생님도 전체 경기도 교사의 10% 정도인 17,515명이다. 정책이 시작된 2022년에는 연구회가 502개에 불과했다. 2023년에는 534개로 소폭 늘었지만, 2024년에는 835개로 급격하게 증가했다. 1년 사이에 약 60% 가까이 늘어난 셈이다. 이 많은 숫자도 놀랍지만, 더 의미 있는 것은 현장에서 생겨난 변화들이다.

연구회에서 교사들은 스스로 실천할 주제를 정하고 '학생들에게 도움이 되는 것은 뭘까?' 머리 맞대고 시간 가는 줄 모르게 수다를 풀어놓는다고 한다. 이것이 바로 자율에 근거한 '교육 수다'가 아닐까. 이런 과정을 통해 교사도 성장하고 학생도 성장하게 된다. 교사들은 서로 간의 대화를 통해 급속한 디지털화로 원격수업과 AI 활용 등 교육활동과 관련된 새로운 과제가 닥쳤을 때, 그리고 학교폭력, 학부모 민원, 동료 교사와의 갈등 등 혼자서는 해결하기 힘든 교직 생활의 노하우를 깨우치게 된다.

특히 저경력 교사에게는 막막했던 수업 준비에 도움을 받거나 낯선 학급 운영에 용기를 얻고, 수업의 본질에 대해서도 다시 생각하는 계기가 되었다는 이야기도 들려왔다. 반복된 일상에 지쳤던 교사들도 "도파민이 솟는 순간"을 경험하고, 학교 수업에 대한 설렘을 느낀다고도 전해주었다.

연구회를 통해 서로가 함께 경험을 나누고 좋은 아이디어를 빠르게 공유하는 모습은 경기미래교육의 밑거름이 되어주고 있다.

경기교육인의 축제! '경기교육연구 페스타'

2024년 처음 열린 '경기교육연구 페스타(FESTA)'에서 그 성과를 확인할 수 있었다. 82개 연구회, 700여 명의 교사가 모여 연구 성과를 나누고 경험을 공유하는 현장은 마치 축제 같은 분위기였다. 부스에는 생각지도 못한 번뜩거리는 아이디어가 즐비했고, '이렇게 공부하면 정말 재미있겠다' 싶을 수많은 흥미로운 교재들이 소개되었다.

'아, 이것이 경기교육의 힘이구나. 경기교육의 교사들이 이렇게 훌륭하구나.' 부스를 둘러보며 연신 감탄사가 절로 나왔다. 물건도 써본 사람이 잘 만들고, 만들어본 사람이 더 잘 쓴다는 말이 떠올랐다. 교사들이야말로 진정한 콘텐츠의 생산자이자 소비자인 '프로슈머'였다. 교사들의 노력이 한없이 고마웠고, 더 많은 교사가 활동할 수 있도록 지원 체계를 확대하고자 했다.

'교사들의 노력이 현장에서 더 활용될 수 있는 방법은 없을까?'
'연구하는 교사들이 더 존중받고 자부심을 갖게 하려면 어떻게 해야 할까?'

프로슈머를 위한 지원 체제 마련

거듭되는 고민 끝에 다양한 지원제도를 마련했다. 첫 시도는 '정책 구매제 공모제안'을 통해 교사가 직접 만든 우수 콘텐츠를 구매해 학교 현장에 보급하는 것이었다. 공모가 시행되자 반응은 즉각적으로 나타났다. 현장 교사들은 프로슈머로서 새로운 기회 제공에 그야말로 환호했다. 거의 매달 있는 콘텐츠 공모제에는 수백 건의 콘텐츠들이 제안되면서 숨은 고수들도 나타나기 시작했다. 마감날이면 연장을 요청하고, 전화 문의도 빗발쳐 담당 부서는 힘들다면서도 교사들의 열정과 수준 높은 콘텐츠를 보면 힘이 난다고 했다.

교사들이 만든 콘텐츠를 충분히 활용하기 위해 시스템의 기능도 개선했다. 경기교육의 AI 디지털 교육 플랫폼 '하이러닝' 탑재를 위해 업로드 형식을 다양화하고, 수업에 대한 관련 자료가 모두 검색되어 필요한 맞춤형 수업 설계가 가능하도록 업그레이드하여 훨씬 원활하게 콘텐츠를 제공하고 활용할 수 있게 되었다.

또한 미디어센터, 경기이음학교, 경기온라인학교와 유기적으로 연계하여 경기도 전체를 연결해 교육 생태계로 확장해나갈 수 있도록 체계를 갖추어놓았다.

경기교육의 힘은 경기교육인

교사들이 만든 자료는 귀한 교육 자산이다. 교사들의 노력이 현장에서 인정받고 활용될 때, 개개인의 자부심은 물론 경기교육의 수준 역시 자연스럽게 높아질 수 있다. 경기교육인이 서로에게 힘이 되는 현장의 노력과 변화들이 쌓여 세계 최고 수준의 경기교육을 만들어갈 수 있다고 생각한다. 교육청은 그 길에 힘을 보태며 든든하게 뒷받침하고자 한다.

"교사들이 만든 자료는 귀한 교육 자산이다. 현장의 노력과 변화들이 쌓여 세계 최고 수준의 경기교육을 만들어갈 수 있다고 생각한다."

*2025년 12월, 경기교육연구 페스타

자율선택 급식, 잘 먹고 잘 크면 좋겠다

급식에 대해 학생들에게 전하는 마음

나는 우리 아이들이 억지로 먹지 않았으면 좋겠다.

그저 배만 채우는 밥상이 아니라
스스로 고르고, 즐겁게 먹는 시간이었으면 한다.
어릴 땐 뭐든 다 맛보고, 맛없어도 한 번쯤은 씹어보고,
좋아하는 건 웃으면서 더 달라고 할 수 있었으면 한다.
먹는 것 가지고 눈치 보지 않았으면 한다.

누가 뭐라 해서 남기고,
먹기 싫은 걸 꾹 참고 삼키는 일은 없었으면 좋겠다.
자기 몸에 맞는 음식이 뭔지, 어떤 걸 먹으면 속이 편한지
조금씩 알아가는 아이가 되었으면 좋겠다.

밥을 대하는 태도에서 사람을 아끼는 마음도 자란다고 믿는다.
그러니 잘 먹이고 싶다. 맛있게, 스스로 편안하게.
그 한 끼 한 끼가 쌓여
몸도 마음도 튼튼한 아이로 자라주기를 바란다.

학생들이 가장 행복하고, 즐겁고, 설레고, 기대하는 시간은? 말할 것도 없다. 압도적 1위는 바로 점심시간이다. 학교 현장에서 학생들과 이야기를 나눠보면, 하나같이 점심시간을 학교생활을 즐겁게 하는 필수조건으로 꼽았다. 특히 4교시가 끝나가면 학생들의 마음은 이미 급식실로 향한다니 기다리고 기다리는 시간이 맞다.

많은 학생들이 본인이 좋아하는 메뉴가 나오면 아침부터 기분이 좋고, 좋아하지 않는 메뉴가 나오면 하루 종일 기운이 없다고 할 만큼 하루 컨디션을 좌우하는 가장 큰 한 끼이다. 다른 안내장은 버려도 급식 안내장만큼은 화면 캡처라도 해서 보관하고, 학교에서 가장 많이 보는 안내판도 급식 메뉴, 학교 설문조사에서도 급식이 좋아야 전체 만족도가 높아진다고 하니 이 얼마나 중요한가!

이런 학생들의 마음을 알고, 잘 먹을 수 있도록 하는 것이 옳다고 생각했다. 학생들이 자신의 기호와 건강에 따라 메뉴를 선택하는 '자율선택 급식'을 고민하고 도입한 이유도 바로 여기에 있다.

자율선택 급식 50배 급증! "만족한다 92.6%"

'자율선택 급식'은 학생들이 직접 원하는 먹고 싶은 메뉴와 양을 즐겁게 선택하고 스스로 식생활을 관리할 수 있는 역량을 키우기 위해 도입했다. 이 방식에 어른들의 걱정은 많았다. 학생들 스스로 할 수 있을까? 좋아하는 음식만 먹고 영양의 불균형이 나타나는 건 아닐까?

도입 초기였던 2022년에는 많은 우려로 모델학교 10곳을 정해 조심스럽게 시작했다. 그러나 현장의 반응은 그야말로 뜨거웠다. 신청학교가 2023년 70곳, 2024년 250곳을 거쳐 2025년에는 무려 527개 학교로 크게 확대됐다. 2~3년 만에 50배 이상 급증한 것이다.

자율선택 급식은 학교 여건에 따라 주 2~3회 선택식단과 채소와 과일 섭취를 늘리기 위한 샐러드바를 운영하는 새로운 학교 급식이다. 영양관리의 기준을 준수하고 균형 잡힌 식사를 계획할 수 있도록 돕는 것이 기본 원칙이다.

나눠주는 대로 먹는 기존의 배식 방법이 아닌 학생 스스로 건강과 취향에 맞는 음식을 골라 먹는 것이다. 음식의 종류가 많아지니 당연히 선택할 수 있는 종류도 다양해지고, 먹고 싶은 음식을 스스로 선택하니 잔반이 적어져 쓰레기도 줄었다. 현장의 높은 평가는 설문조사에서 나타난 수치에서 잘 보여주고 있다.

2024년 11월 11일부터 19일까지 학생 17,897명, 학부모

5,227명을 대상으로 한 「자율선택 급식운영」 설문조사 결과에 따르면 학생의 92.6%와 학부모의 90.3%가 "만족한다"고 했고, 학생의 96%는 "계속 운영되었으면 좋겠다"고 답했다. 특히, 학생들이 "스스로 먹을 양을 알고 건강한 식습관을 형성한다"(94.7%), "음식을 남기지 않게 된다"(92.6%), "새로운 식재료를 경험할 기회가 늘었다"(89.1%)고 답한 부분은 매우 고무적이었다. 음식물쓰레기 발생량도 평균 6.8%나 줄어 환경적으로도 의미 있는 성과를 나타냈다.

잘 먹고 잘 크는 것, 이보다 더 중요한 교육이 있을까?

도입 초창기의 걱정과 우려는 현장에서 사라졌다. 현장의 교장선생님은 "처음 자율선택 급식을 도입했을 때 학생들의 표정부터 달라졌다. 식사시간이 더욱 행복한 시간이 되었고, 자기 선택에 대한 책임감도 조금씩 커졌다"고 말했다. 현장의 영양교사들도 "평소 채소를 꺼리던 학생들이 스스로 건강한 메뉴를 선택하는 비율도 눈에 띄게 늘었다"며 "아이들이 몸에 좋은 음식을 스스로 찾기 시작했다"고 전했다. 학생들이 맛있게 식사하는 모습은 생각만 해도 흐뭇한 일이다.

앞으로 학생들의 건강을 위해 자율급식의 내실을 더욱 다져나가야겠다고 생각했다. 자율선택 급식문화를 더 확대하고 유아 기부터 건강한 식생활 습관을 갖추도록 지원할 것이다. 다문화 특화모델과 지자체 연계모델, 초·중·고 연계모델 등 다양한 급식모델 개발로 더욱 풍성한 급식문화를 만들어갈 계획이다.

잘 먹고 잘 크는 것, 이보다 더 중요한 교육이 있을까? 학생들이 좋아하는 음식을 올바르게 선택하며 잘 먹고, 건강하게 자랐으면 좋겠다. 진심으로, 배부르게 행복하게 말이다.

"잘 먹고 잘 크는 것, 이보다 더 중요한 교육이 있을까?"

*2024년 6월, 파주 와동초등학교 급식실에서

IB 도입, 특색을 더한 빛나는 학교

국제 바칼로레아(International Baccalaureate, IB)는 스스로 생각하고 질문하며 탐구하는 과정에서 깊이 있는 배움을 얻는 교육이다. 단순히 지식을 외우고 시험으로 평가받는 방식이 아니라, 학생들이 문제를 발견하고 창의적인 해결 방법을 찾아나가는 데 목적을 두고 있다. 학생들은 IB 교육을 통해 사고력과 표현력, 협업 능력 같은 미래 핵심 역량을 키우게 된다.

그동안 IB 교육을 강조해온 이유도 여기에 있다. 앞으로의 사회에서는 얼마나 많은 것을 암기했는지가 아니라, 창의적이고 주도적으로 문제를 해결하는 능력이 더 중요하다. 그런 점에서 IB가 경기교육이 지향하는 미래교육의 가치와 방향을 잘 담고 있다고 생각한다.

2023년도에 시작된 경기교육 IB는 현장에서 의미 있는 변화를 가져오고 있다. 학생들은 "왜 그럴까?"라는 질문을 스스로 던지고, 친구들과 활발히 의견을 나누며 배움의 즐거움을 느낀다고 한다. 교사들 역시 학생들의 성장을 가까이에서 지켜보며 더욱 나은 수업을 고민하고, 동료들과 함께 효과적인 교육 방법을 찾기 위해 힘을 모으고 있다. 학부모님들도 변화하는 학교의 모습을 응원하며 신뢰와 지지를 보낸다고 하니, IB 교육이 교사와 학생, 학부모 모두에게 의미 있는 성장을 이끌어내고 있는 것이다.

이러한 긍정적인 변화 덕분에 경기교육의 IB 학교 수는 빠르게 증가하고 있다. 실제로 2023년 30개이던 학교는 2024년에 175개(전년 대비 약 483% 증가), 2025년에는 297개(전년 대비 약 70% 증가)에 이를 정도로 많은 학교에서 적극적으로 도입하고 있다.

학생 수 감소로 인해 통·폐합 위기를 겪었던 소규모 학교들도 IB 교육을 통해 특색 있는 과정을 운영하며 다시 활력을 찾고 있는 모습이다. IB 교육은 학교들이 새로운 정체성과 특성을 만드는 계기가 되고 있다.

교사의 성장은 곧 교육의 변화

IB 교육 도입 과정에서는 교사들의 역할이 매우 중요하다. 교사들은 IB 교육을 운영하기 위해 기존의 수업 방식을 전면적으로 재설계하고 평가 기준을 새롭게 만들어야 한다. 교과 간 긴밀한 협력도 필수이다. 서로의 수업을 이해하고 소통하는 한편, 공통된 주제를 중심으로 교육과정을 함께 구성하면서 완성도를 높이기 위해 노력해야 한다.

경기교육이 현재의 안정된 IB 운영 기반을 다지게 된 것은 모두 변화에 주도적으로 대응해온 교사들의 역량 덕분이다. 새로운 교육을 빠르게 이해하고 실천으로 옮기는 힘, 함께 더 나은 수업을 만들어가는 모습은 경기교육 교사들의 강점이라고 생각한다.

현장을 살펴보면, 교사들은 변화 과정에서 적지 않은 어려움을 겪고 있다. 익숙한 방식에서 벗어나 새로운 틀을 설계하는 일은 말처럼 쉬운 일이 아님을 안다. 그럼에도 교사들은 한걸음 먼저 나아가고 있다. 오히려 낯선 경계를 넘어서는 그 시간을 의미 있는 도전으로 여기며, 보람과 자부심을 느끼고 있다는 이야기를 여러 번 들었다.

교육의 변화를 이끄는 것은 정책이 아니라 사람이다. 그 중심에는 교사가 있다. 교사의 성장은 곧 교육의 변화로 이어진다.

넘나드는 교과, 생각이 깊어지는 수업

IB 교육이 도입되고 있던 2023년 10월, 광명서초등학교를 방문했을 때의 일이다.

당시 학생들의 수업에서는 스페인의 '빠띠오'에 대해 탐구가 진행되고 있었다. 한 학생이 "작은 창문과 흰색 벽이 스페인의 뜨거운 햇볕에 적응하기 위한 건축 방식"이라고 설명하자 학생들은 곧 다양한 의견을 주고받기 시작했다. 환경 변화와 미래의 주거문화까지 생각을 확장하는 모습이었다.

교육 현장의 모습은 자연스럽게 학부모에게 전해졌다. 자녀들의 변화를 직접 경험한 학부모들은 IB 교육에 대해 스스로 질문하고 답을 구하기 위해 세상에 도전하는 수업, 생각의 확장이 가능한 수업, 종합비타민 같은 수업이라고 평가하며 만족했다.

IB 교육을 도입한 학교들이 함께 만들어낸 성과는 학생과 학부모의 관심과 참여를 점차 확대하고 있다. 이 교육을 받기 위해 전학을 오는 학생들도 늘어나고 있으니 말이다.

교육의 사례들이 다른 학교에도 작은 희망이 되기를 기대해 본다. 각 학교가 고유한 특성과 장점을 스스로 발굴하고 키워나가는 자율적인 노력이 미래교육의 중요한 방향이 되고 있다. 학교마다 고유한 특색을 갖추게 되면 학생들은 더 다양한 선택을 할 수 있게 되고, 학교와 지역사회가 함께 성장하는 계기가 될 수 있을 것이다.

자율은 스스로 가능성을 발견하고 키워가는 힘이다. 경기교육은 그 자율의 힘으로 새로운 변화의 길로 나아가고자 한다.

"자율은 스스로 가능성을 발견하고 키워가는 힘이다."

*2023년 10월, 광명서초등학교 IB 수업 참관

균형

세상에는 답이 없다.

정답이 하나일 수 없기 때문이다.

그러나 한국 사회는 오랜 세월 정답을 강요하는 방식으로 살아왔다. "이 길만이 옳다"고 경쟁자를 짓누르고, 자신과 다른 생각을 견제하고 배제해왔다. 교육도 그랬다. 그 결과인가. 우리 사회의 이념 갈등은 12년간 우리 국민이 생각하는 가장 심각한 사회문제 중 부동의 1위라는 여론조사도 있다. 대한민국이 지금 시급히 해결해야 할 과제는 바로 이 갈등을 넘어서는 일이다.

2021년 입소스(IPSOS)의 여론조사는 우리 사회가 얼마나 심각한 분열을 겪고 있는지 보여주었다. 정당과 이념, 빈부격차, 남녀갈등, 학력, 종교, 세대 등의 문화적 갈등 지표에서 조사 대상 28개국 중 한국이 가장 높은 수치를 기록했다는 사실은 우리 모두 깊이 고민해야 할 문제다. 결국 정치적 대립, 세대 간 불신, 지역과 계층 간 벽은 어느 날 갑자기 생긴 것이 아니다. 오랜 세월 '서열'만 강조한 교육 환경에서 비롯된 결과라고 할 수 있다.

우리 교육은 학생들에게 말해왔다. "너는 1등이 되어야 한다. 무조건 이겨야 해." 그 '이김'의 방식이 문제였다. "어떻게든 남들보다 잘하기만 하면 된다"는 방식 말이다. 그 결과, '내가 70점을 맞아도 남들이 60점을 넘지 않으면 된다'는 왜곡된 경쟁심만 남았다. 실력보다는 서열만 중요하게 되었고, 누군가를 끌어내릴수록 내가 올라가는 기술을 익히는 것이 생존의 지혜가 되었다. 물론 이런 생각이 맞지 않다는 사실을 누구나 알고 있다. 하지만 이미 굳어진 사회적 분위기에 나만 정도를 걷기란 쉽지 않다.

결국 나만의 다름은 어색함이 되고 말았다. 공무원 시험, 의대 진학, 브랜드 교복에 이르기까지 한국 사회는 언제부턴가 다름을 인정하지 않는 획일적이고 경직된 사회로 굳어진 듯하다. 다양성을 가르치지 못한 교육이 다양성을 견디지 못하는 사회를 만들어버린 것이다.

그렇다면 이제 우리 사회가 나아가야 할 길은 어디인가?
그것은 바로 진정한 '균형'을 회복하는 일이다.

균형이란 무엇인가

균형이란 나와 다른 사람을 인정하고 함께 살아갈 수 있는 역량이다. 체력과 학력의 균형, 인성과 실력의 균형, 보수와 진보의 균형처럼 각자 생각하는 균형의 모습은 다양하다. 하지만 결국 모든 균형의 근본에는 '다름'에 대한 존중과 수용의 자세가 자리한다. 미래사회는 누구도 혼자 살아갈 수 없으니, 서로 다른 사람들이 공존하는 사회에서는 균형의 중요성이 점점 커질 수밖에 없다.

지금까지 우리의 사회와 교육은 이런 균형을 충분히 고려하지 못했다. 개인은 하나의 독립된 존재라기보다 국가나 조직, 가족이 필요로 할 때 쓰이는 '부품'처럼 여겨진 경우가 많았다. 교육의 목표도 한 사람의 삶과 행복보다는 사회가 요구하는 틀에 맞는 사람을 만들어내는 데 더 가까웠다.

시대는 달라졌다. 더 이상 정해진 답을 잘 따르는 사람만으로는 살아가기 어렵게 되었다. 그래서 교육의 중심도 바뀌어야 한다. 교육은 국가가 원하는 인재를 길러내는 일이 아니라, 개인이 스스로 행복한 삶의 방향을 찾도록 돕는 일이어야 한다. 지금까지 학교에서는 학생을 오직 시험 점수와 등수로 평가했고, 자신의 꿈과 행복보다는 부모와 주변의 기대를 따라 살아가도록 강요했다. 학생들이 진로를 스스로 선택하고 자신의 인생을 주체적으로 설계할 수 있는 환경은 제대로 마련되지 않았다.

이제 교육의 목표가 바뀌어야 한다. 더 이상 군대의 명령처럼 일방적 지시에 따라 움직이는 인간을 만드는 방식으로는 우리 사회의 갈등과 분열을 해결할 수 없다. 개인이 스스로의 가치를 발견하고 타인의 인격 또한 존중할 수 있는 능력을 배울 때, 비로소 건강한 사회의 토대가 마련된다.

경기교육이 선택한 길, 균형교육

교육은 결국 인간을 만드는 일이다. 인성은 좋지만 역량이 없는 사람, 실력은 뛰어나지만 됨됨이가 부족한 사람. 이런 불균형을 키워온 것이 그동안의 교육이었다.

경기교육이 말하는 '균형'은 이 두 가지를 동시에 갖춘 사람이다. "일만 잘하면 되지, 인간성이 뭐 중요해?"라고 말하는 사람

도, "착하면 되지. 실력은 나중에 쌓으면 되지"라고 말하는 사람
도 균형을 잃은 것이다.

사회관, 역사관, 행동의 방향 모두 교육을 통해 길러져야 할
'균형감각'이다. 지금까지의 교육은 이를 제대로 키우지 못했고,
그 결과 무한견제와 무한경쟁, 분열된 정치와 갈등이 나타났다
고 할 수 있다. 이 모든 것은 균형이 무너진 교육이 낳은 아이들
로부터 시작된 거대한 부메랑과 같다.

경기교육이 추진하는 '균형교육'은 자율과 포용, 인성과 역량,
기초와 기술, 개인과 사회를 모두 아우른다.

지금 아이들은 우리가 경험했던 세상과 완전히 다른 세상에
서 살아간다. 기술은 급변하고, 디지털은 이미 삶을 장악한 지 오
래이다. 과거의 방식으로는 더 이상 미래를 대비할 수 없다. 이제
는 기술을 활용할 줄 아는 능력과 인간을 존중하는 인성을 함께
길러야 한다.

하지만 현실은 어떠한가. 디지털 기술이 사람의 마음까지 압
도하면서 아이들의 정신건강이 심각한 사회문제로 거론되고 있
다. 디지털 역량을 키워야 하지만, 동시에 인성교육이 어느 때보
다 필요하다. 기계와 경쟁할수록 따뜻한 인간애와 사람다운 심
성을 잃어서는 안 된다.

그래서 경기교육은 스스로 판단하고 책임을 배우는 '디지털
시민교육'을 확대하고 있다. 2022년 전국 최초로 디지털 시민교
육을 신설하고, 학생 맞춤형 디지털 역량진단 도구와 교수-학습

자료를 현장에 보급했다. 또한 체육과 예술, 사회적 연대의 영역까지 인성교육의 폭을 넓히고 있다. 기술이 아무리 발전해도 인간을 대체할 수 없다는 점을 인식하고 있기 때문이다.

때로 정치는 갈등을 이용한다. 하지만 교육은 달라야 한다. 이념을 강요하거나 한쪽 의견만 주입해서는 안 된다. '이쪽 의견도 듣고, 저쪽 의견도 이해하는 것'이 바로 균형이고 교육이다. 지금 우리 사회는 심각한 편향과 갈등에 시달리고 있다. 그래서 균형교육이 절실하다. 경기교육이 균형을 강조하는 이유다. 편향과 갈등이 심화되는 이 시대에 경기교육이 제시하는 '균형교육'이야말로 우리 사회가 마땅히 추구해야 할 교육의 본질적 목표다.

교학상장(敎學相長), 가르침과 배움의 균형

이제 교사는 지식의 전달자가 아니다. 학생과 함께 배우고 성장하는 존재가 되어야 한다. 학생은 이미 미래에 살고 있다. 과거의 경험만 고집하는 교사는 더 이상 미래를 열 수 없다. 다른 세대를 이해하고 배우는 태도, 그것이 균형교육의 출발점이다.

'교학상장(敎學相長)'이라는 말이 있다. 가르침과 배움은 서로를 성장시킨다는 뜻이다. 교사는 가르치면서 배우고, 학생은 배우면서 질문하며 함께 성장하는 관계를 전제로 한다. 이 상호성 속에 교육의 균형이 깃든다.

"개인이 스스로의 가치를 발견하고 타인의 인격 또한 존중할 수 있는 능력을 배울 때, 비로소 건강한 사회의 토대가 마련된다."

*경기도교육청 민원실 입구에 설치된 '교학상장(敎學相長)'
박영헌 作, 3,600×1,200mm, 2023

가장 필요한 변화, 균형 잡힌 학교

학교는 삶을 배우는 첫 번째 공동체다. 친구를 만나고 이해하며 함께 살아가는 방법을 배운다. 그러나 학교는 여전히 다양한 문제들을 안고 있다. 학교폭력, 정신건강 문제, 치열한 경쟁 등이 그것이다. 학교에서 존중과 배려의 태도를 배우지 않으면, 사회의 불균형과 갈등으로 확대될 수밖에 없다.

이러한 학교의 문제들은 서로 연결되어 다양한 형태로 드러나고 있다. 교육부 통계에 따르면 학교폭력 발생 건수가 2022년 57,727건에서 2023년에는 61,445건으로 증가했다. 심의 건수 역시 2020년 8,357건에서 2021년 15,653건, 2022년에는 23,602건으로 늘었다. 폭력의 유형도 다양해져 언어폭력, 신체폭력, 사이버폭력까지 확대되고 있다.

더불어 학생들의 정신건강 문제와 경쟁으로 인한 스트레스도 매년 증가 추세다. 이런 문제들이 복합적으로 얽히면서 갈등은 학교 내부를 넘어 법정 분쟁으로 번지고, 아이들은 물론 부모들에게까지 경제적·정서적 피해를 주고 있다. 해결이 아닌 상처만 남는 상황이다.

이런 학교 문제를 접할 때면 무거운 마음을 떨치기 어렵다. 지금까지 학교에서는 자체적으로 다양한 방법을 추진해왔다. 그러나 단기적이고 부분적인 접근으로 근본적인 변화는 어려웠고, 학교 전반을 아우르는 시스템적 접근이 필요했다.

학교를 바꾸는 우리의 약속

경기도교육청은 2025년 1월, 학생인권조례와 교권보호조례를 통합해 〈경기도교육청 교육공동체의 권리와 책임에 관한 조례〉를 마련했다. 교육공동체의 권리와 책임을 강조하고 상호존중하는 문화를 만들어가기 위한 방향성을 담은 조례이다. 이를 기반으로 '권리와 책임 위원회'를 구성하고, '학교생활인성담당관'을 배치하여 현장 지원을 시작했다. 학생인권옹호관 제도와 더불어, 학교 구성원의 권리 침해 사례를 평화적으로 해결할 수 있도록 시스템을 보완한 것이다.

그러나 더욱 중요한 것은 학교 스스로 갈등을 해결할 수 있는 문화와 역량을 키우는 일이다. 법적 분쟁으로 커지기 전에 학교 내부에서 건강하게 문제를 풀어나갈 수 있는 환경을 만들어야 한다.

경기교육은 학교 구성원의 권리와 책임을 지켜가기 위해 '타율'이 아닌 '자율'의 방법을 선택했다. 공동체의 약속이란 상대방을 존중하고 서로 간의 신뢰를 유지하며 공동체를 연결하는 사회적 장치라고 볼 수 있다.

누군가가 강요한 규칙이 아니라 구성원 스스로 정한 약속은 공동체를 자발적으로 움직이게 하는 원동력이 된다. 이러한 약속을 정하고 지켜가는 과정에서는 상대방의 말을 귀 기울여 듣고, 감정적인 대응을 자제하는 훈련이 함께 이루어져야 한다. 갈등이 발생했을 때 신속하게 대응할 수 있도록 단위학교 차원의 갈등 대응 시스템을 구축하는 것도 필요하다. 갈등 해결에는 '골든타임'이 존재하며, '긴급 갈등 개입'이나 '학교 내 갈등 대화 모임' 같은 대응 체계가 학교 현장에 정착될 수 있도록 지속적인 노력이 요구된다.

그럼에도 학교에서 갈등 자체를 없앨 수는 없는 일이다. 사람은 각자 다르기 때문에 언제 어디서든 갈등이 생길 수밖에 없다. 중요한 것은 갈등을 회피하거나 두려워하지 않고 현명하게 해결하는 역량을 키우는 것이다. 경기교육은 이를 '상호존중'이라고 한다. 갈등을 학교 구성원 모두가 공동으로 책임지고 지혜롭게 풀어나갈 때, 학교는 건강한 공동체로 성장할 수 있다.

진정한 변화는 자신의 선택에서 시작된다

사람은 스스로 결정할 때 책임감을 느끼고 최선을 다하게 된다. 타인의 변화나 행동을 외부에서 강제하면 오히려 저항과 반발이 더 커질 수 있다. 따라서 스스로 약속을 정하고 지키는 문화에 집중한다. 교사, 학부모, 학생들이 모여 직접 만든 공동체 약속이 의미 있는 이유도 여기에 있다.

얼마 전, 한 교사로부터 흥미로운 이야기를 들었다. 교사들이 모여 공동체 약속을 정하는 자리에서 학부모님들이 자기 아이만 생각하지 않았으면 좋겠다는 의견이 있었다. 교사들은 이 말에 학부모님들이 민감한 반응을 일으키지 않을까 걱정했는데, 정작 학부모님들이 모인 자리에서도 같은 이야기가 나왔다고 한다.

진정한 변화는 외부의 강제가 아니라, 자신의 선택에서 시작된다. 누구나 타인으로부터 존중받기를 원하며, 그것은 인간의 보편적인 욕구다. '공동체의 약속 만들기'는 학교라는 울타리 안에서 함께 살아가는 구성원들이 서로의 권리와 책임을 함께 고민하고, 갈등을 평화롭게 해결해나가기 위한 주춧돌이 된다. 갈등이 생기더라도 서로 존중하며 풀어나가는 이런 과정들이야말로 경기교육이 추구하는 진정한 '상호존중'의 모습이다.

경기교육 전체 학교는 '약속 만들기' 진행 중

경기교육의 '교육공동체 약속 만들기'는 교육부의 학교문화 책임규약과 연계하여 모든 학교에서 운영되고 있다. 각 학교는 학급의 특성을 반영하여 자율적이고 창의적인 방식으로 공동체의 약속을 만들어가고 있다.

교육공동체의 약속은 학교가 직면한 현안에 따라 여러 형태로 나타난다. 특히 학교 단위, 학년 단위, 학급 단위로 약속을 구분하여 운영하는 학교의 사례를 보면, 학급 단위에서 정한 약속일수록 더욱 구체적이고 실생활과 밀접한 특징을 보인다.

예를 들어, 학급 단위 약속의 경우 '교실 뒤에서 춤추지 않기', '친구가 발표할 때 미소 지어주기' 같은 내용도 등장한다. 이는 교육공동체의 약속이 형식적인 것이 아니라, 학교 일상 속에서 실질적인 의미를 지닌다는 것을 보여준다. 아울러 중요한 것은 학생들 스스로 약속을 정하고 지키는 과정에서 느끼는 자율성과 주인의식이다. 이 경험을 통해 학교는 스스로 문제를 해결할 수 있다는 효능감과 공동체로서의 성장을 경험하게 된다.

자신의 권리가 소중한 만큼 타인의 권리 역시 존중하는 균형 잡힌 태도는 존중의 출발점이다. 경기교육은 앞으로도 자발적인 약속과 상호존중의 문화를 바탕으로, 균형 있는 공동체 문화를 지속적으로 확산해나갈 것이다. 존중이 일상이 될 때, 학교는 누구에게나 안전하고 따뜻한 배움의 공간이 된다.

"공동체의 약속이란 상대방을 존중하고 서로 간의 신뢰를 유지
하며 공동체를 연결하는 사회적 장치다."

*2025년 5월, 수원외고 '상호존중 학교문화 페스타'

토론교육, 균형 잡힌 시선으로 세상을 만나다

학교에서 오랜 시간 다루기 어려운 주제들이 있었다. 탄핵, 핵 보유, 종교, 성소수자 같은 사회적 이슈들. 교사들은 정치적인 중립성과 교육자의 책임을 지켜야 한다는 무언의 규범 아래 민감한 내용들은 피해왔다. 학교로 논란이 전파되는 것을 우려하면서. 또 입시 중심의 교육은 현실의 문제를 심도 있게 탐구하거나 토론하는 환경을 만들지 못했고, 정치나 사회적 논쟁 자체를 불편하게 바라보는 시선도 특정 주제들을 꺼리는 요인이 되었다.

그러나 특정 주제들을 다루지 않았던 것이 과연 학생들에게 도움이 되었는지, 아니면 오히려 현실 감각과 사고력의 성장을 방해하지는 않았는지. 학생들은 다양한 현실 문제를 직면하고 다름을 존중하며 이해할 수 있는 역량을 갖추어야 한다. 학교 교육은 지식을 넘어 세상을 제대로 바라볼 수 있도록 살아갈 현실을 마주하고 미래를 준비하는 과정이어야 한다.

'보이텔스바흐 합의'란?

1970년대 독일은 동서독 분단이라는 정치적 현실 속에서 극도의 이념 대립을 겪었고, 학교 교육에서도 혼란과 갈등이 그대로 이어졌다. 최근 우리나라가 직면한 현실과도 닮아있는 모습이다. 국민이 생각하는 우리나라의 사회문제 중 정치적 이념 갈등이 12년 동안 1위를 차지했다는 조사 결과가 나온 상황에서 당시 독일의 모습은 결코 남의 이야기가 아니다.

독일은 이러한 이념적 위기를 극복하기 위해 1976년 독일의 작은 도시 보이텔스바흐에서 보수와 진보 진영의 정치교육 전문가들이 모여 오랜 토론 끝에 정치교육의 기본 원칙을 담은 보이텔스바흐 합의(Beutelsbach Consensus)를 이끌어냈다. 공식적인 법규는 아니었지만, 독일 정치교육의 헌법처럼 자리매김했고, 수십 년간 동서독의 체제 갈등 분열에 화합을 이끌었다. 보이텔스바흐 합의의 주요 내용인 3원칙은 다음과 같다.

첫째, 교사는 개인의 정치적 가치관이나 특정 이념을 학생들에게 주입하거나 강요하지 않고 학생 개개인의 자율적 판단을 존중해야 한다.

둘째, 첨예한 이슈일수록 다양한 관점과 논점을 충분히 제공하여 학생들이 스스로 입장을 설정하도록 돕는다.

셋째, 교육은 학생들 자신이 배운 것을 일상에서 실천할 수 있도록 현실과 연계하며, 학생들이 처한 상황을 정치적으로 이용하지 않는다.

이 합의는 20년 이상의 심도 있는 토론과 연구를 통해 현장 교사들에게도 폭넓게 인정받았다. 보이텔스바흐 원칙을 통해 학생들은 서로 다른 의견을 존중하고 협력하는 능력을 기를 수 있었다. 경기교육은 이러한 원칙을 적극적으로 받아들여 학생들이 현실을 깊이 이해하고 성숙한 시민으로 성장할 수 있도록 균형 잡힌 토론문화를 만들어가고 있다.

우리나라도 이제는 극단적인 이념 갈등을 넘어 서로를 존중하고 이해하는 사회가 되었으면 한다. 보이텔스바흐 합의를 반영한 토론 교육의 도입이 우리 교육 현장과 사회 전체에 균형과 공존의 문화가 뿌리내리는 계기가 되기를 기대한다.

경기교육, 공존을 위한 새로운 토론

경기교육은 보이텔스바흐 합의를 원칙으로 경기교육만의 토론 시스템을 구축했다. 기존 토론 방식은 서로 치열하게 맞서며 결국 승자와 패자를 명확히 가르는 것이다. 어느 때는 판정단도 있어서 판정단이 승패를 결정짓기도 한다.

하지만 경기교육의 토론에는 승패가 없다. 처음부터 다름을 인정하고 존중하면서 공존을 목표로 한다. 자기 입장을 치열하게 주장하고 상대방의 의견을 반박하지만, 마지막은 '공존을 향한 주장하기'라는 단계를 거쳐 상호 이해와 합의를 이끌어낸다.

때로는 100%의 합의가 불가능할 수 있다. 경기교육은 100% 합의하지 않는다. 공존을 향한 주장에 합의가 될 수도 있고 안 될 수도 있다. 50%만, 혹은 30%만 합의될 수 있다. 이 '다름과 공존하기'에서는 서로 완벽하게 합의하지 못했더라도 토론에서 논의된 주제를 사회참여 활동과 연결해 마무리한다. 예를 들어 정책 제안이나 사회 참여 활동을 진행할 때, 토론 과정에서 자신과 다른 입장에 관해서도 충분히 들었기 때문에 상대방이 반대하는 이유를 명확하게 이해할 수 있다. 이를 바탕으로 자신과 다른 견해를 반영한 더 균형 있는 정책이나 실천 방안을 만들어나갈 수 있게 된다. 경기교육은 서로의 의견을 이해하고 공존 방법을 모색하는 과정 자체에 의미를 두게 된다.

기존의 논쟁 중심 토론은 서로가 이기고 지는 데 집중했기 때문에 승패가 결정된 후에는 오히려 상처와 갈등이 더 깊어지기도 했다. 그러나 경기형 토론교육은 처음부터 다름을 인정하고 존중하면서, 서로의 생각을 충분히 듣고 공존을 목표로 하기 때문에 훨씬 의미 있는 토론이 된다.

학교에서도 서로 대립하던 학생들이 열린 토론을 통해 서로의 입장을 이해하게 되고 관심 있는 이슈를 다양한 관점으로 접하다 보니 오히려 생각이 더 깊어지게 된다. 이러한 토론문화가 정착되면서 학교가 갈등과 분열이 아닌 이해와 존중이 커가는 공간으로 변모하는 것은 시간문제일 것이다.

경기교육은 2024년 6월, 서울특별시교육청과 민주화운동기념사업회와 함께 '미래세대 열린 시민교육'의 활성화를 위한 기관 업무협약을 체결하고, 공동으로 사업을 기획하고 추진하기로 합의했다. 이후 서울교육청 조희연 교육감에 이어 정근식 교육감과도 협의하여 경기도 학생들과 서울시 학생들의 토론을 구체화했다.

최종 합의된 토론회는 2025년 8월, 국회의원회관에서 열렸다. 토론의 주제로는 남북문제, 한일 관계 등 첨예하게 대립 중인 이슈가 후보에 올랐지만, 최종적으로는 "대학수학능력시험 제도를 폐지해야 하는가?"로 결정되었다. 토론 방식은 경기와 서울의 고등학생들이 팀 간 논쟁을 벌이는 방식으로 진행되었다.

토론회는 학생들이 직접 논쟁적이고 첨예한 이슈를 주제로 열띤 토론에 참여하는 매우 의미 있는 자리였다. 나는 이 토론회가 균형 잡힌 사고와 상호존중 태도를 기르는 실질적이고 구체적인 성과로 이어질 것이라고 믿는다. 토론회를 통해 우리 교육이 만들어낸 변화의 가시적이고 생생한 현장을 직접 확인할 수 있을 것으로 기대한다.

교육의 미래, 균형 있는 사회를 향해

경기교육의 토론교육은 학생들이 세상을 바라보는 시각을 확장하고 자신과 다른 생각을 가진 이들과 소통하는 법을 배울 수 있도록 더욱 노력할 것이다. 이러한 교육은 우리 사회 전체가 갈등을 넘어 성숙한 소통과 협력의 문화를 만들어가는 데 큰 원동력이 될 것임을 확신한다.

토론은 학생들에게 "내 의견만 옳고 상대는 틀렸다"고 강제로 주입하는 것이 아니라, 내 의견을 굳게 믿으면서도 다른 사람의 이야기를 듣고 '그럴 수도 있겠네' 하는 마음을 갖도록 돕는다. 이런 열린 마음을 가질 때 비로소 진짜 균형 잡힌 교육이 가능하다. 현장에서 우리가 해야 할 일은 서로의 의견을 존중하는 것이다. 귀를 기울이고, 이해하려고 노력할 때 비로소 진정한 소통과 화합이 이루어지는 경험을 할 수 있다.

경기교육은 '지금 우리가 만드는 교육은 어떤 미래를 열어줄 수 있을까?'를 항상 고민한다. 우리 사회가 진정으로 원하는 모

습, 다양한 가치와 생각이 공존하며 발전하는 미래를 위해 이제
교육의 방향도 바뀌어야 한다. 경기교육은 모든 출발선을 새롭
게 하고 있다.

2025년 8월, 대입 개혁을 주제로 한
보이텔스바흐 토론대회

체육, 놓쳐서는 안 될 교육의 균형추

지난 선거를 준비하면서부터 교육감으로 근무하는 지금까지 늘 생각한다.

아이들에게 꼭 필요한 교육이 무엇일까?
어떻게 하면 더 행복한 학교생활을 할 수 있을까?

현장에서는 학생들을 만날 때마다 자연스럽게 물어본다.
"학교에서 무슨 시간이 가장 재미있고 더 많이 하고 싶어?"
거의 80% 이상 한결같은 답변이다. "체육이요!"

처음에는 그저 활기찬 아이들이니까 당연히 운동을 좋아하는 거라고 여겼다. 하지만 학교를 방문할수록 보다 근본적인 체계의 변화가 필요하다는 것을 느끼게 되었다. 연구 자료를 찾아보니, 성장기 아동과 청소년은 하루에 최소 60분 이상의 신체활동이 필요하다는 결과가 많았다. 신체활동이 몸의 건강뿐 아니라 정서적 안정과 사회성 발달 등 성장 전반에 걸쳐 영향을 미친다는 것이다. 결국 체육활동은 단순한 재미를 넘어 아이들의 균형 잡힌 성장과 전인적 발달을 위한 핵심 교육이었다.

아이들은 성장 단계상 신체활동이 가장 왕성한 시기를 보내고 있다. 체육은 아이들이 가진 넘치는 에너지를 마음껏 발산하고 스트레스를 해소할 소중한 기회다.

그래서 학생들에게 실질적인 도움을 주고자 고민했고, 다양한 체육 정책을 체계적으로 추진해나가기 시작했다. 학생들이 자발적으로 참여할 수 있는 아침 운동 프로그램 도입, 체육 수업 확대, 축구나 농구뿐 아니라 탁구, 배드민턴, 요가 등 다양한 활동을 선택할 수 있도록 했다. 방과 후 스포츠클럽을 활성화해 학생들이 평소 관심 있는 운동을 스스로 즐기고 지속할 수 있도록 지원했다. 그러자 해를 거듭할수록 현장에서 결과들이 나타나기 시작했다.

학교를 방문해 학생들과 직접 이야기를 나누고 운동장에서 뛰는 모습을 바라보며, 체육은 건강하고 균형 있는 성장을 위한 필수과목이라는 믿음이 더욱 확고해졌다.

그럼에도 "아침에 운동을 한다고?" 하며 많은 사람이 고개를 갸웃할지도 모른다. 아침잠도 모자라는 학생들에게 운동까지 시키면 피곤하지 않을까, 걱정하는 마음 때문이다. 하지만 현실은 걱정과 정반대의 모습이었다.

아침을 깨우는 '오아시스': 오늘 아침 시작은 스포츠로!

이는 경기교육이 추진하는 '오아시스(오늘 아침 시작은 스포츠로!)' 덕분이다. 등교시간을 조정해 학생들이 아침 시간에 줄넘기나 달리기, 축구 등 자신이 원하는 운동을 선택해서 즐기도록 한 프로그램이다. 등교시간 자율화는 학생들에게 운동 시간을 마련해주었다. 아침 시간, 학생들에게 운동은 즐거움이라고 한다.

운동하는 학생들의 변화는 현장 선생님들의 이야기에서도 들을 수 있었다. 좋아하는 운동을 하기 위해 스스로 일찍 일어나 등교하는 습관이 생기고, 자연스럽게 아침밥을 챙겨 먹게 되면서 규칙적인 생활습관이 몸에 배었다고 했다. 운동하고 나면 몸이 개운해져 기분 좋은 하루를 맞이하게 된다고 설명했다.

이 과정에서 나타난 눈에 띄는 효과는 바로 학교생활 만족도 향상이다. 규칙적으로 아침 운동을 한 학생들은 긍정적인 에너지를 갖고 하루를 시작하게 된다. 함께 운동하다 보니 친구들과의 관계는 물론이고, 선생님들과의 소통도 더욱 원활해진다는 것이다. 그뿐인가. 학교 체육이 일상화되면서 학폭 건수도 줄어들고 있다고 하니 무엇보다 반가운 소식이다.

아침 운동의 효과는 학생들의 학습능력 향상으로도 나타났다. 실제로 국내외 연구들은 아침 운동이 집중력과 기억력 등 인지 능력을 크게 높인다고 보고하고 있다. 현장 교사들도 "아침 운동 이후 수업에서 학생들의 눈빛이 뚜렷이 달라졌고, 적극적으로 질문하고 발표하는 빈도도 눈에 띄게 증가했다"고 말한다.

학생들은 아침 운동을 통해 규칙적인 생활습관을 형성하고, 건강한 신체와 마음을 얻는다. 좋은 인간관계를 유지하며, 학업 능력까지 향상되는 혜택을 동시에 얻을 수 있다. 교사들은 이를 "아침 운동의 4콤보 효과"라고 말하기도 한다.

오아시스! 마치 뜨거운 사막 한가운데 솟아나는 샘물처럼 학교에서 기다렸던 선물 아닐까.

KBS N 특집 다큐멘터리 "우리들의 오아시스" 

"오아시스!(오늘 아침 시작은 스포츠로!) 마치 뜨거운 사막 한가운데 솟아나는 샘물처럼 학교에서 기다렸던 선물 아닐까."

*'오아시스' 학급별 축구 리그 경기

균형 잡힌 체력! 평생의 자산

어느 친구가 해준 말인데, 정말이지 공감이 된다. 그래서 모든 과목이 골고루 중요한 것이다. 특히 나이 들수록 체육이 더욱더 중요해지는 것 같다. 요즘 친구들을 만나 대화를 나누면 단연 화제는 건강이다. 예전에는 일 이야기, 자녀 이야기가 대부분이었는데, 언제부턴가 "나는 마라톤을 하고 있다", "근육이 보약이다", "수영만 한 것이 없다" 등등 온통 운동 얘기뿐이다. 종목은 달라도 나이 들어 몸과 마음의 건강을 지키는 유일한 방법이 체육뿐이라는 것을 모두 경험을 통해 알게 된 것이다.

인생 전체를 놓고 보면 이토록 체육이 중요한데, 그동안 경기도 학교 교육에서는 뒷전에 밀려 있었던 듯했다. 체육의 토대는 어릴 때부터 만들어줘야 한다. 성장기의 학생들은 충분한 신체활동을 통해 기초체력과 운동에 대한 습관을 키울 수 있기 때문이다.

모든 학생이 체육활동을 통해 건강한 몸과 마음을 유지하고,

스스로 목표를 세워 달성하는 습관을 형성할 수 있어야 한다. 협력과 책임감 또한 자연스럽게 배울 수 있으니, 갈수록 개인화되는 학생들의 사회성을 키우는 데도 필수이다.

교육감이 되어 '건강과 체력을 바탕으로, 인성과 실력을 겸비한 균형 잡힌 인재 양성'을 경기교육의 목표로 두게 된 것은 어릴 적 체력단련의 경험도 바탕이 된 것 같다. 체육은 단지 신체활동 그 이상의 가치가 있다. 우리 교육의 전제이다. 그래서 나는 한동안 위축되었던 경기 학교체육을 활성화하는 데 많은 힘을 기울였다.

초등학생들에게는 '더(The) 자람 프로젝트'의 '기지개 체조', '키즈런'을 마련했고, 중학생에게는 학생들이 선택할 수 있는 체육교육 과정을 추진했으며, 이른 아침 운동 '오아시스'까지 연결해 사교육 없이 공교육만으로 평생 스포츠를 즐길 수 있는 역량을 키워주었다. 나아가 학교 스포츠클럽 축제를 부활시키고 가족과 함께 운동할 수 있는 체험 행사를 마련해 학생들에게 운동을 평생 가져갈 즐거운 경험으로 남겨주고자 했다.

초-중-고등학교가 연결되는, 끊김 없이 이어지는 체육교육의 고리를 만들어줌으로써 평생 체력과 인성의 선순환을 도모했다.

각 프로그램은 어떻게 탄생했나

2023년, 시작은 초등학교 3학년과 4학년이 대상이었다. 코로나19 팬데믹이 장기화되면서 2020년과 2021년 초등학교에 입학한 학생들은 대면이 아닌 온라인으로 첫 학교생활을 해야 했다. 친구들과 함께 놀며 배우는 소중한 경험을 놓친 아이들의 결핍이 마음에 크게 다가왔고, 이 아이들을 위한 '특단의 조치'가 필요하다고 생각했다.

아이들의 부족함을 해소하기 위해 학습적인 부분, 체력적인 부분, 그리고 정서적인 부분까지 세심하게 다루었다. 이것이 바로 '더(The) 자람 프로젝트'의 '기지개 체조'와 '키즈런'이 탄생한 배경이다. 아이들이 건강하고 행복하게 성장하기를 바라는 우리의 고민이 담긴 시작이었다.

왜 '기지개'였을까? 우리는 잠에서 깨어날 때 자연스럽게 '기지개'를 켠다. 밤새 움츠렸던 근육과 관절을 펴면서 신체의 긴장을 풀어내고 새로운 하루를 맞이하게 된다. 이는 단순한 신체 운동을 넘어, 활력을 되찾고 '새로운 출발'이라는 상징적 의미를 내포하고 있다.

'기지개'에는 중의적인 의미도 포함되었다. 오랜 시간 어려움을 겪은 후 다시 일어나 앞으로 나아가는 재도약의 의미를 담고 있다. 우리 아이들이 겪었던 코로나19 팬데믹의 어려움도 마찬가지다. 움츠렸던 몸과 마음을 펴고 다시 활기차게 생활하길 바라는 마음에서 현장의 의견을 모은 이름이기도 했다.

우리가 알고 있던 체조는 시대별로 '국민체조', '새천년 건강 체조', '청소년 체조' 등으로 변해왔지만 최근에는 그조차 단절되었고, 학교 현장에서는 단순한 스트레칭 정도의 준비운동만 이루어지고 있었다. 이런 상황에서 기지개 체조는 활기차고 친숙한 음악, 쉬운 동작 덕분에 각 학교로 급속히 확산되었다.

"키즈런은 그냥 장애물달리기 아닌가?" 키즈런을 본 첫 반응일 수 있다. 그러나 키즈런은 '달리고, 뛰어넘고, 던지는' 기본 동작을 아이들의 눈높이에 맞춰 게임처럼 흥미롭게 구성한 특별한 육상 교육 프로그램이다. 특히 개인이 아닌 팀 활동으로 구성돼 있어 아이들은 함께 기록에 도전하고 서로 협력하면서 자연스럽게 성취감을 느낄 수 있다.

육상은 모든 스포츠와 체육활동의 기본이 되는 종목이다. 육상과 수영 같은 기초 종목을 잘하는 아이들은 다양한 운동 분야에서 우수한 선수로 성장할 가능성이 크다. 결국 기초체력과 기록에 도전하는 경험이 아이들의 잠재력을 키우는 중요한 밑거름이다.

키즈런은 학생 중심에서 '가족과 함께하는 프로그램'으로 확대되었다. 경기도교육청은 북부와 남부로 나누어 가족 참여형 키즈런 행사를 개최했고, 3시간 만에 400여 가족의 참가 신청이 마감되는 등 뜨거운 반응이 고스란히 전해졌다.

이는 과거 운동회의 즐거움이 점차 학교에서 사라지고 가족이 함께 운동하고 웃는 시간이 드물어진 탓인 것 같다. 키즈런 가족대회에서 함께 웃고 즐기는 가족들의 모습을 보며, 이 프로그램이 단지 운동 이상의 의미로, 학교와 지역사회 그리고 가족을 다시 하나로 연결하는 소중한 역할을 하고 있음을 확신할 수 있었다.

등교시간 자율화의 가장 큰 성과는 아침 운동

각 학교는 학생들의 학교생활 만족도와 학습 집중력에 효과적이고, 올바른 인성과 사회성까지 함양하는 아침 운동을 적극 도입했다.

2023년 4월, 경기교육은 등굣길 아침 운동 활성화를 위한 아침 운동의 이름 공모전을 개최했다. 교사와 학생들의 다양한 아이디어가 접수됐다. 예를 들어 '해뜰런', '탄단지 아침 운동(탄탄한 몸, 단단한 마음, 지혜를 지켜주는 아침 운동)', '스클스클(스포츠클럽으로 스트레스 클리어)', '스쿨 오픈런' 등 참신한 이름들이었다.

그중 '오아시스(오늘 아침 시작은 스포츠로!)'가 선정되었다. 오아시스! 이 이름은 사막 한가운데서 만난 오아시스처럼 코로나19로 위축된 스포츠 활동에 대한 갈증을 해소하고, 스포츠로 하루를 행복하게 시작하기에 적합하다는 평가를 받았다. 나 또한 이 이름이 아침을 생기 있게 시작하는 이미지와 잘 어울린다고 생각했고, 현장 교사들도 이름 덕분에 정책이 성공적으로 자리 잡았다는 의견을 많이 주었다.

이제 '오아시스'는 초·중·고등학교를 넘어 전체 학교 현장의 다양한 요구를 반영하며 체계적으로 발전하고 있다. 동아리형, 체력 향상형, 학급형, 학교 축제형, 건강 증진형 등 다양한 유형으로 운영되며, 체력이 부족한 학생을 위한 맞춤형 프로그램, 보건과 연계한 건강관리 시스템도 마련되었다.

정책 운영 첫해인 2024년에는 경기도 내 1,600여 개 학교에서 시범사업으로 운영했고 2025년 이후에는 전 학교 주요 정책으로서 전면 시행할 수 있도록 추진 중이다. 학생들이 학교에 가고 싶어지는 즐거운 아침 문화로 이어질 것으로 기대된다.

교육감기 종목별 대회와 학교 스포츠클럽 축제의 부활

교육감으로 취임할 당시, 학교체육은 심각한 어려움에 처해 있었다. 현장의 관심이 줄어든 데다 예산 부족까지 겹쳐 상황은 열악했다. 학교체육의 회복을 위한 정책 마련이 시급했다.

이에 경기교육은 코로나19로 오랜 기간 중단되었던 교육감기 종목별 대회와 경기학교 스포츠클럽 축제를 6년 만에 부활시키며 위축된 학교체육에 활력을 불어넣고자 했다. 그러자 담당자들은 학생 선수 모집이 어려웠던 학교 운동부에 숨통이 트인다고 했고, 학교 운동장과 체육관은 자율적인 스포츠 활동으로 다시금 생기가 넘쳐난다는 소식이 들려왔다. 무엇보다 학교 스포츠클럽 활동을 통해 학생들의 체력 증진은 물론, 올바른 인성 함양과 학교폭력 예방 효과도 얻을 수 있었다고 한다.

약 1년간의 꾸준한 준비와 적극적인 지원 덕분이었는지 경기도 선수단은 2023년에는 소년체전과 전국체전, 동계체전에서 모두 종합우승이라는 값진 결실을 얻었다. 이는 결코 혼자의 노력으로 얻을 수 있는 결과가 아니었다. 학교 현장의 교사와 지도자, 학부모들의 뜨거운 열정과 협력이 있었기에 가능했다. 또한 경기도체육회와 각 종목 단체가 'ONE TEAM'이라는 슬로건 아래 협업 시스템을 구축한 것도 큰 원동력이 되었다.

대회 성적이라는 가시적인 성과 외에도 학교 현장에서 학생과 교사들의 표정이 밝아지고 태도가 긍정적으로 변하는 것을 본다. 이를 통해 학교체육의 진정한 가치는 숫자나 기록만으로 평가할 수 없다는 것을 다시 한번 깨달았다. 이러한 변화를 함께 만들어준 모든 이들에게 깊은 감사의 마음을 전하고 싶다.

체육, 평생을 지탱할 균형

체육은 단지 신체활동에 그치는 것이 아니라, 한 사람의 삶을 균형 있게 완성하는 데 필수 요소이다. 어릴 때부터 꾸준히 다져온 건강과 체력이 평생의 자산이 되듯, 학교에서 접하는 다양한 체육활동은 학생들의 몸과 마음, 인성과 사회성까지 골고루 성장시키고 있다.

문득 어린 시절 운동회의 기억이 떠오른다. 친구들과 힘껏 달리고 목이 터져라 응원하며 온몸으로 느꼈던 짜릿한 즐거움! 운동회 날이면 학교 전체가 축제 분위기였고, 친구들과 함께하는 그 순간이 언제나 손꼽아 기다려지곤 했다. 지금의 우리 아이들 역시 그런 신나고 행복한 경험을 더 즐겁게 누릴 수 있도록 노력해나갈 것이다.

경기교육의 '균형 잡힌 성장'은 체육을 통해 더욱 구체화되고 있다. 체육은 학생, 학교, 지역사회 모두를 활기찬 공동체로 다시 이어주고 있는 듯하다.

경기교육은 앞으로도 체육을 단지 하나의 교과가 아니라, 학생들이 평생 누릴 수 있는 '삶의 교육'으로 바라보고 적극 지원해나갈 것이다. 우리 아이들이 균형 잡힌 몸과 마음으로 건강하고 행복한 미래를 향해 나아갈 수 있도록 말이다.

"체육은 단지 신체활동에 그치는 것이 아니라, 한 사람의 삶을
균형 있게 완성하는 데 필수 요소이다."

*2023년 10월, 경기도 이천에서 열린
제6회 전국학교스포츠클럽대회 축구경기 응원

3년, 30년의 벽을 뛰어넘은 경기특수교육

"장애인을 대하는 태도요? 선진국은 뿌리부터 다릅니다. 그들은 불편을 내 잘못이라 하지 않습니다. 사회적 인식과 제도가 부족한 탓, 환경이 준비되지 못한 탓이라 말하지요. 그래서 권리는 권리로 주어집니다. 베푸는 시혜가 아니라, 당연히 보장해야 할 의무로 여겨지고 있습니다. 배리어 프리(barrier-free), 보편적 설계(universal design) 같은 개념이 등장합니다. 사회가 석극적으로 환경을 바꾸어 장애인이 특별한 노력 없이도 일상에 적응하고 살아갈 수 있도록 하는 것입니다.

하지만 대한민국은 아직도 우리를 '도와줘야 할 존재'라 합니다. 우리가 너무 답답해서 무엇을 요구하면 "자꾸 해주면 버릇된다. 큰소리 내면서 요구할 때 해주면 버릇된다"라고 합니다. 권리를 말하면 "악용한다"라고도 해요. 정작 충분히 지원해본 적도, 권리를 보장해준 적도 없으면서 도대체 무엇을 해주었기에 버릇된다, 악용한다고 하는 것일까요?

장애인이 사회의 제도를 악용하는 버릇이 생길 만큼 우리 사회가 장애인의 권리를 그렇게 충분히 보장하고 있나요? 그러면 왜 특수학교를 만들기 위해 엄마들이 지역주민 앞에서 무릎을 꿇는 일이 생기나요? 아이를 일반 학교에 보내려고 하면, 다른 아이들에게 피해를 주는 뻔뻔한 엄마, 미안한 줄 모르는 엄마라는 말을 듣나요?

이 땅에서는 아직도 '장애인 인권'이라는 말이 필요합니다. 장애인이 온전히 한 사람의 인격체로 존중받는 사회가 된다면 '장애인 인권'이라는 말이 필요 없습니다. 권리를 권리라 말하지 못하고, 장애인도 같은 인간이라는 걸 증명해야 하는 나라….

우리는 언제쯤 우리가 겪는 불편과 제약이 사회가 충분히 준비하지 못한 제도와 환경의 문제로 이해할 수 있을까요? 장애인의 권리는 시혜가 아니라 당연히 보장해야 할 사회적 의무로 여겨질 수 있을까요?"

이 글은 2024년 4월 경기특수교육 서포터즈 발대식에서 한 학부모 서포터즈의 발언이다. 장애아를 가진 학부모의 절절한 호소를 들으며 한참 동안이나 마음이 무거웠다.

우리나라가 선진국 반열에 올라섰지만, 장애인 정책만큼은 선진국에 현저히 못 미치고 있는 것은 사실이다. 변화와 지원이 필요하다. 함께 이야기를 나눈 분들께 "경기도만이라도 장애인이 살기 좋은 곳으로 함께 만들어보자"라고 했다.

지난 10년간 특수교육 대상 학생은 해마다 5~8%씩 증가했다. 많을 때는 8.6%에 이르렀다. 그러나 같은 기간, 교사와 지원 인력은 그대로 정체되어 있었다. 시급한 것투성이었다. 무엇이 가장 먼저 필요한지, 어디서부터 손을 대야 달라지는지.

"장애인 한 명으로 인해 온 가정이 다 흔들리는 일은 없어야 한다. 학생들의 최종 교육목표는 자립·자활로, 유아·아동부터 체계적인 계획을 세워야 한다."

경기교육은 특수교육 현안을 단기·중장기 과제로 재정렬하고, 전담 TF를 구성하여 속도를 높였다. 현장의 요구, 법·제도 여건, 실행 가능성을 한데 모아 로드맵을 다듬었고, 2023년 10월 '경기특수교육 활성화 3개년 계획'을 발표했다. 특수교육의 구조를 근본적으로 바꾸고, 전국에서 가장 열악했던 여건을 개선하기 위함이었다.

특수교육, 매년 500억 원 고정적으로 추가 지원

경기도는 전국에서 가장 큰 교육예산을 운영하는 만큼 이자 수입도 발생한다. 이 자금을 일반 예산에 녹이는 대신, 특수교육에 매년 500억 원을 고정적으로 추가 지원하기로 결정했다. 기존에 일반 교육재정의 틀 속에서 소규모로 지원되던 특수교육을 독립된 재정 구조를 통해 안정적으로 지원할 수 있도록 전환한 것이다. 그동안 특수교육은 많은 관심을 받으면서도 예산과 인력 면에서 늘 후순위로 밀리곤 했다. 경기도교육청은 이를 정면으로 돌파했다. 이자 수입 약 700억 원 중 나머지 200억 원은 교직원의 역량 강화에 집중적으로 사용하기로 했다. 그 결과, 지금 경기도의 특수교육 여건은 계속해서 향상되고 있다.

현장의 첫 요구는 인력이었다. 총 1,030명의 인력을 새로 배치하기로 했다. 특수교사, 특수교육 지도사, 협력 강사, 돌봄 전담 인력 등 다양한 인력을 배치해서 특수교육 현장의 인력 부족을 전방위적으로 개선하기 위함이었다. 특히 협력 강사는 전국에서 처음 시도된 제도로, 교사 자격을 갖춘 인력을 시간제로 배치해 교과 지도까지 직접 지원하도록 설계했다. 기존 지원 인력이 장애 학생의 일상생활 지원에 집중되었다면, 협력 강사는 자격소지자를 채용하여 특수교사와 함께 장애 학생의 교육을 지원하는 역할을 함으로써 수업의 질을 한층 높였다.

특수교육 현장의 어려움을 해결하는 것에서 나아가 장애 학생들이 특수교육을 받고 졸업 후 지역사회에서 단단하게 자리 잡을 수 있는 선순환 체계를 만들고자 '장애인 인식 개선 강사'를 장애인 공무원으로 직접 채용할 계획이다.

그동안은 비장애인이 "장애인을 이해하고, 장애인 인권을 보호해야 한다"라고 주장하며 인식 개선을 외쳤다면, 이제는 장애인 당사자가 스스로 권익을 옹호하고 목소리를 낼 수 있도록 길을 열고자 하는 것이다. 이들의 신분은 공무원이며, 본격적으로 제도를 정착시키고자 한다. 당사자가 직접 전하는 이야기는 무엇보다 진솔하게 가슴에 와닿을 수 있을 것으로 기대한다.

"장애인 한 명으로 인해 온 가정이 다 흔들리는 일은 없어야 한다. 학생들의 최종 교육목표는 자립·자활로, 유아·아동부터 체계적인 계획을 세워야 한다."

미래형 스마트 교육 기반 조성

디지털 전환이 가속화될수록 장애인은 여러 가지 도움을 받을 수 있다. 말 한마디로 TV가 켜지고, 손을 쓰지 못해도 불이 켜지고 꺼지는 세상이니 말이다. 그러나 아직 학교 현장에는 이러한 기기들이 부족하여 학생들이 경험하지 못하고 있었다. 장애 학생에게는 스마트 기반의 환경이 무엇보다 필요했다. '미래사회에 필요한 역량을 학교에서 준비하게 하자.' 경기교육은 모든 특수학급과 특수학교 공간을 미래형으로 조성하고자 방향을 설정했다.

경기교육은 하이러닝의 스페셜 버전처럼 장애 학생의 장애 정도와 유형을 고려한 맞춤형 AI 기반 교수-학습 플랫폼 구축을 단계적으로 추진했다. 2024년은 모든 특수학교에 학교당 예산을 지원하여 공간과 장비를 정비하고 교수-학습 모델을 개발했다. 2025년부터는 사업을 특수학급으로 확대하고 있다. 그 결과, 중증장애 학생의 디지털 활용 역량이 62.5% 향상되었다. 휠체어를 타는 학생이 웨어러블 로봇을 착용한 후 스스로 일어서 걷는 장면은 현장에서 기적 같은 감동을 불러일으켰다.

이러한 역량은 학생만의 몫이 아니다. 이를 가르칠 교사의 전문성이 더욱 중요하므로 특수교사 역량 강화에 집중했고, 올해는 통합 교사로까지 확대했다. 특수교사와 통합 학급 교사를 대상으로 한 에듀테크 연수는 큰 호응을 얻었다. 연수를 이수한 교사 가운데 90.6%가 실제 수업에서 에듀테크를 활용했다고 응답해 현장 수업의 변화를 이끄는 촉매제가 되었음을 확인할 수 있었다.

변화가 학교를 넘어 가정까지 이어질 수 있도록 2026년에는 부모 교육까지 연계한다. 이를 통해 가정과 학교가 함께 학생들을 지원할 수 있는 체계가 구축될 것이다.

스마트 교육의 목표는 미래사회에 필요한 스마트기기를 학생들이 원활하게 다루도록 지원하는 데 있다. 이 정책으로 경기도에서 특수교육을 받은 학생들은 미래사회의 변화에 뒤처지지 않고 안정적으로 적응하여 자리 잡을 수 있을 것으로 기대한다.

경기도교육청, 특수교육원 설립

교실에서 발생하는 장애 학생의 행동 문제는 장애 학생의 학습권과 또래의 안전뿐만 아니라 교사의 전문성과 감정노동을 동시에 시험한다. 특수교사 개인의 전문성과 역량만으로는 버티기 어려운 경우가 많다. 이에 2023년 10월, 행동중재 특화형 특수교육원 설립 추진을 결정했고, 2026년 3월 1일 개원했다.

교사들이 혼자만의 노력으로 학생의 행동 문제에 대처하기 어려워 고충을 호소하고, 학부모가 자녀의 행동 문제에 대해 학교의 적극적인 지원을 요구하는 현실에서 행동중재는 다음으로,

나중으로 미루기 어려운 절실한 과제였다. 교사에게나, 학부모에게나 살얼음판같이 불안하고 힘겨운 상황이었다. 이러한 현장의 어려움을 최우선으로 해결하기 위해서는 이른 시일 내에 행동중재 특화형 특수교육원 설립이 필요하다고 판단했다. 보통 특수교육원 설립에만 7년 이상 걸렸지만, 경기도는 특수교육원 설립 결정 3년 만의 개원이었다. 전국이 놀란 과감한 진행이었다.

행동중재 특화형 특수교육원 설립은 연구와 모델 개발, 현장 코칭과 연수, 사례 컨설팅과 보호자 상담을 한 축으로 묶어 지원 체계를 제도화한다. 이를 통해 현장의 어려움을 체계적이고 효과적으로 해결하는 행동중재 시스템으로서 전국적인 표준이 될 것으로 기대한다.

3개년 계획의 주요 과제들은 이 같은 내용 외에도 돌봄 강화, 교육정책 보편적 설계 등을 포함하며 모두 현장의 절박한 요구에서 출발했다. 그동안 해결되지 못한 특수교육 현장의 문제를 단숨에 해결하기 위한 결정과 실천이기 때문에 전국의 특수교육 관계자들이 이 계획을 "기념비적"이라고 평가하고 있다.

그 결과 구체적인 성과도 나타나고 있다. 장애 학생 취업률 1.2% 상승이 그중 하나이다. 설문조사 결과, 실제로 학교 교육이 취업에 도움이 되었다고 응답한 비율은 다른 시·도보다 5.4%나 높게 나타났다.

취업률은 매년 4월 1일 기준으로 집계된다. 그동안은 해마다 0.5~0.6% 정도의 소폭 상승에 머물렀다. 그런데 2025년에는 무려 1.2%가 한꺼번에 상승했다. 이미 최대치에 가깝게 끌어올린 취업률에서 이뤄낸 성과라 더욱 의미가 크다. 지난 30년 동안 쌓아온 성과의 축적 위에서 단기간에 취업률이 두 배 가까이 높아진 것이다. 이는 경기도 특수교육 정책이 장애 학생의 실질적인 삶의 변화를 이뤄내고 있음을 보여주는 명확한 지표이다.

현장의 한 교사는 이렇게 전했다.

"특수교육에서 지난 30년간 쌓아온 것보다 지난 3년간의 성과가 훨씬 더 큰 도약이자 비상이었습니다. 그동안 전혀 노력이 없었던 것은 아니지만, 변화의 속도는 매우 더뎠습니다. 그런데 가장 시급한 과제를 과감히 앞당겨 추진하면서 큰 도약을 이뤄냈다고 생각합니다."

그래서일까. 그는 이 성과를 두고 '파벽비거(破壁飛去)'라는 사자성어를 사용했다. '벽을 부수고 하늘로 날아오른다'는 뜻 그대로 3년간 경기특수교육의 변화가 파격적이라는 의미이다.

경기특수교육, 백 점 만점의 진심

경기교육에서 특수교육을 담당하는 우리 직원들의 남다른 모습은 매번 감동을 준다. 보이지 않는 어려움과 무게를 짊어지면서도 현장에서 한없이 베풀고 나누는 모습이다. 힘든 일은 오래 하면 지치고 마음의 벽을 세우기 마련인데, 그 따뜻한 진정성의 근원지는 어디일까 늘 궁금하게 한다. 아마도 그들의 책임감과 사명감, 그것을 지키고 있는 마음의 근육일지 모른다는 생각이 들기도 했다. 이를 점수로 환산해본다. 백 점 만점에 백 점이다.

이제 경기교육 정책이 현장에서 구체적인 성과를 내고 있다. 정책은 결코 한 사람의 뜻만으로 완성되지 않는다는 것을 안다. 현실에서 실현되기 위해서는 진심 어린 노력과 땀방울이 필요한 것이다. 우리 특수교육 직원들이 그 길을 함께하고 있다. 늘 고맙고 든든하다.

현장의 직원이 전해준 편지가 뭉클했다. 양해를 구하고 공개하고자 한다. 이 글을 통해 그 마음을 함께 나누길 바란다.

교육감님께 드리는 감사의 글

교육감님, 안녕하세요?

저는 특수교육 현장에서 오랫동안 근무하고 있고, 교육감님을 여러 차례 뵐 기회가 있었습니다. 교육감님 취임 후, 경기도 특수교육 정책이 변화하는 과정에서 느낀 점을 전해 드리고 싶어서 이렇게 글을 쓰게 되었습니다.

지난 30년 동안 특수교육 현장은 여러 변화가 있었습니다. 일반 학교에 설치되는 특수학급 수가 증가하면서 그동안 학교에 입학하는 것조차 거부당하던 장애 학생들이 또래와 함께 학교에서 공부할 수 있게 되었고, 특수교육을 받는 학생 수가 매년 증가하고 있습니다.

그러나 이러한 외형적인 변화에도 불구하고 특수교육, 그리고 장애 학생의 교육과 인권을 바라보는 마음은 단단한 차별의 벽에 갇혀있다고 느낄 때가 많았습니다. 장애 학생에게 가장 시급하고 필요한 지원을 요청하면, 마치 우리 아이들을 위하는 것처럼 그럴듯하게 포장하면서 받아주지 않을 때가 많았습니다.

"장애를 가진 아이들을 왜 이렇게 교육하려고 합니까?"

"애들한테 뭘 계속 해주려고 하는 게 고통을 주는 겁니다. 그냥 아무것도 안 하고 편안하게 살게 해주는 게 제일 좋은 거예요."

이러한 말 속에는 특수교육에 대한 이해와 관심 부족, 그리고 장애 차별이 뿌리 깊게 자리 잡고 있었습니다.

"장애 학생 교육을 위해 돈을 왜 이렇게 많이 써?"
"좋은 환경 만들어서 따로 분리해놓고 그냥 놔두는 게 최고의 행복인 거 아냐?"

교육의 기회를 동등하게 제공하지 않는 것을 '편안하게 살아가는 것'으로 포장하고, 특수교육에 대한 투자를 우선순위에 두지 않는 차별은 특수교육 현장을 오랫동안 무기력하게 만들었습니다. 그런 실패와 좌절 속에서 임태희 교육감님을 뵙게 되었고, 교육감님이 제시하는 특수교육 비전을 들으며 저는 커다란 감동을 받았습니다.

교육감님은 단순히 예산을 추가 지원하는 것을 넘어, 장애 학생 한 명 한 명의 삶을 귀하게 바라보셨습니다. 교육감님의 따뜻한 시선과 마음은 본질적으로 달랐습니다. 민원이 몰려와서 임기응변으로 대응하는 것이 아니라, '장애 학생과 가정의 삶을 바꿔주고 싶다'는 마음이 있었습니다. 차별받는 장애인에 대한 연민과 애민, 인간적인 절절함이 담겨 있었습니다. 그리고 이러한 상황을 경기도에서만이라도 개선해야겠다는 의지가 느껴졌습니다. 그 순간 '아, 이분은 진심이구나!'라는 확신을 갖게 되었습니다.

최근 경기특수교육이 전국에서 많은 주목을 받고 있습니다. 그동안 경기도 특수교육은 전국에서 뒤처진 평가를 받는 부분이 많았습니다. 단순히 성과가 낮아서가 아니라, 타 시·도에 비해 여건이 훨씬 열악했기 때문입니다. 특수교육 대상 학생의 증가에 대응하지 않는 정책은 현상 유지조차 어려울 정도로 점점 전국에서 뒤처지게 되었습니다. 특수교육 현장은 이제 더 이상 기약 없는 약속과 변화를 기다릴 수 없을 만큼 절박해져 있었습니다.

그런 상황에서 교육감님은 행동중재 지원, 미래형 특수교육 체제 구축 같은 최신 교육 트렌드를 적극 도입하면서 전환점을 마련했습니다. 열악했던 현장이 개선되기 시작했고, 전국적으로 이제 겨우 첫걸음을 떼고 있던 스마트 특수교육 분야까지 경기도가 선도하며 앞서나가자 전국이 경기도를 주목하기 시작했습니다.

그 대표적인 사례가 '특수교육 활성화 3개년 계획'입니다. 2024년 3월부터 과밀 특수학급에는 무조건 교사 1명을 추가 배치하도록 했는데, 이는 전국 최초의 시도였습니다. 안타까운 소식이지만 인천에서 특수교사가 과밀학급의 과중한 업무로 극단적인 선택을 한 사건은 전국적으로 경기도의 선제적 조치에 집중하는 계기가 되었습니다.

교육감님이 제시한 특수교육 비전과 현장 지원 정책은 지금까지의 어떤 특수교육 정책과도 달랐습니다. 3년이라는 짧은 시간이었음에도 특수교육 현장에서 시급하게 요청했던 정책이 과감하게 펼쳐지면서 현장의 교사와 학부모, 전문가는 이전과 달라진 일상을 경험하게 되었습니다.

경기특수교육의 변화를 통해 특수교육 현장에서는 희망을 꿈꾸게 되었다고 말합니다. 타 시·도에서는 특수교육이 나아갈 방향을 경기도가 선도적으로 제시하고 있다고 합니다. 이것이 바로 전국의 특수교육 관계자들이 임태희 교육감님을 "특수교육의 아버지"라고 부르는 이유입니다.

덕분에 저희는 특수교육의 아들, 딸, 이모, 삼촌 등등이 되었고, 타 시·도에서 인척 관계가 되고 싶다며 적극적으로 다가와 벤치마킹을 하기도 합니다. 이렇게 외부에서 높이 평가하는 모습 뒤에는 교육감님의 인간 중심 교육철학이 자리하고 있다는 것, 진정 감사한 일입니다.

교육감님, 우리 학생들을 귀하게 여겨주셔서 감사합니다. 저 또한 교육감님의 그 마음을 잊지 않고, 현장이 필요로 하는 정책을 더욱 진정성 있게 실천하겠습니다.

2025년 9월 5일
장학사 전정희 드림

경기특수교육, 백 점 만점의 진심

*2026년 2월, 경기도 고양시 홀트학교 방문

다문화 교육, 교실이 변하고 있다

2025년, 전국의 다문화 학생 수가 처음으로 20만 명을 넘어섰다. 2012년 관련 조사가 시작된 이후 꾸준히 늘어난 결과로, 전교생 1천 명 규모의 학교 200개를 채울 수 있는 수치다. 반면 전체 학생 수는 20년째 감소세다. 유·초·중·고교 학생 수는 555만 1,250명으로 불과 1년 사이에 13만 3천여 명, 약 2.3%가 줄었다(2025년 교육부 한국교육개발원 발표 자료).

불과 한 세대 전만 해도 '다문화'라는 말은 낯설었다. 그러나 이제 외국인 노동자의 유입, 국제결혼, 다문화 가정은 우리 사회 곳곳에 자리 잡았고, 앞으로도 그 흐름은 확대될 것이다. 세계적으로도 구글·테슬라·인텔 등 굴지의 기업을 성장시킨 토대는 다양한 문화적 배경을 지닌 사람들이다. 다문화 구성원은 언제나 사회와 경제를 움직이는 중요한 동력이었다.

다양성을 품고 글로벌 시대를 열어가는 학생들

경기도만 보더라도 다문화 학생 수는 2025년 기준 5만 6,961명으로 전국의 28.2%를 차지한다. 특히 안산, 시흥, 포천 등 일부 지역은 한 학급의 절반 가까이가 다문화 학생일 정도다. 이 학생들의 가장 큰 어려움은 언어와 문화의 장벽이다. 교육전문가들에 따르면 만 11세가 되면 이 사회적 관계 속에서 '나는 어떤 사람이구나' 하는 자기의 정체성을 찾는 시기가 온다고 한다. 학생들마다 개인차가 있기는 하지만, 그런 부분들은 우리 교육을 통해 채워나갈 수 있다고 생각한다.

그동안 다문화 정책은 주로 한국 사회의 적응을 돕고, 소수집단의 정서적·심리적 어려움을 해결하는 일종의 복지 차원의 정책이 중심을 이루었다. 그러나 다문화 학생의 규모가 꾸준히 늘어나면서 보호의 대상으로만 바라보는 접근은 더 이상 충분하지 않다. 언어가 조금 서툴러도, 문화가 다소 낯설어도 아이들은 각자의 꿈을 꾸며 자란다. 학생들이 자신의 가능성을 발견하고 마음껏 꿈을 펼칠 수 있도록 보다 폭넓은 기회가 주어져야 할 때이다.

학교 현장에서는 한국어 실력이 부족하면 수업을 따라가기 어렵고, 이는 곧 학습 부진과 학업 중단으로 이어질 수 있다. 다문화 학생들에 대한 맞춤형 교육은 더 이상 선택적 지원이 아니라 모든 학생에게 보장되어야 할 기본적인 교육 환경이다. 안정적으로 뿌리내리고 성장할 수 있도록 제도적 기반을 강화하는 노력이 필요하다.

이제 다문화 학생은 다양성을 품고 글로벌 시대를 열어가는 새로운 세대라 봐야 한다.

경기교육의 다문화 교육은 미래의 글로벌 시민을 길러내는 과정이다. 나아가 한국과 세계를 연결하는 든든한 다리를 놓는 일이기도 하다.

문화는 달라도 배움은 하나로, 경기한국어랭귀지스쿨

언어와 문화에 적응하기 위해서는 학교생활을 시작하기 전부터 준비하고 지원되어야 한다. 그 역할을 할 수 있도록 마련한 것이 경기한국어랭귀지스쿨이다.

경기도는 학교 현장에서 한국어 기초 없이 일반 학급에 배치되는 학생들의 어려움을 해소하기 위해 2023년 이 모델을 설계·도입했다. 초기에는 '경기한국어공유학교'로 출발했으나, 외국인 학부모와 학생에게 기능이 더 직관적으로 전달되도록 '경기한국어랭귀지스쿨'로 명칭을 정비해 사용하고 있다.

도입 이후 확산 속도는 빠르다. 2023년 3개로 시작해 2024년 14개, 2025년에는 46개 과정으로 확대되었다. 학교는 학생의 학적을 생성한 뒤 위탁 형태로 랭귀지스쿨에 보내고, 랭귀지스쿨은 경기도교육감 인정 기관으로서 학력 인정이 가능한 교육을 제공한다.

교육 내용의 핵심은 '한국어 우선, 교과는 한국어 기반'이다. 수학·과학을 가르치더라도 먼저 관련 한국어 어휘와 개념을 익히고, 그 위에 교과 학습을 올리는 방식이다. 이는 학생이 기본 언어 틀을 갖추지 못한 채 곧바로 표준 교육과정에 진입하면서 겪는 학습 격차를 줄이기 위한 설계이다.

한국어 기반이 튼튼해질수록 언어·문화의 장벽은 낮아지고, 학생들의 학교·사회 적응은 한결 안정적으로 이루어질 것이다.

전국 최초 다문화 학생 대상 중·고 통합학교 설립

경기교육은 전국 최초의 다문화 학생 대상 중·고 통합학교 설립을 추진하고 있다. 다문화 학생들이 안정적으로 성장하려면 중등교육에서도 이어지는 맞춤형 교육이 마련되어야 한다.

학교는 2024년 7월 학교 신설에 관한 심의를 모두 통과했고, 현재 설계에 들어간 상태다. 2028년 9월 완공을 목표로, 총 18학급, 360명 규모로 전원 기숙형 체제를 갖춘다.

교육은 학생의 수준과 배경에 따라 맞춤형 학습을 제공한다. 필요할 경우 수학·과학 같은 교과는 모국어와 한국어를 병행해 배울 수 있다. 예를 들어, 수학에 재능이 있지만 한국어가 부족한 학생은 모국어를 활용해 학습을 이어갈 수 있다. 학생들의 학업

단절을 막고, 장점을 살릴 수 있도록 설계할 계획이다.

또한 진로·진학까지 연결되는 통합적 모델을 지향한다. 국내외 대학 진학을 위해 다문화 학생을 위한 별도 전형을 만들고, 학생들이 국내 최고 수준 대학에도 진학할 수 있는 길을 열고자 한다.

학생들은 다양한 문화적 배경을 갖고 서로의 강점을 공유하며 성장할 수 있다. 우수한 다문화 학생과 일반 학생이 함께 배우며 새로운 글로벌 리더십을 기르는 학교 모델을 지향하는 것이다.

한국어를 재미있게 배울 수는 없을까

전 세계가 주목하고 있는 한류. K-팝은 물론이고, 밤새 정주행하게 만드는 드라마, 손에서 놓을 수 없는 게임과 웹툰까지. 이러한 한류의 물결은 이제 한국어를 배우고 싶다는 관심으로 이어지고 있다. 많은 나라들에서는 학교마다 한국어 수업이 개설될 정도로 수요가 급증하고 있는 추세다. 그러나 막상 한국어 수업에 들어선 학생들이 마주하는 것은 낯설기만 한 자음과 모음, 발음조차 힘든 단어들이었다.

"한국어를 좀 더 재미있게 배울 수는 없을까?"

즐거움은 학습의 가장 큰 동기다. 국내 다문화 학생은 물론 해외의 학생들까지 흥미를 느낄 수 있는 한국어 교육 콘텐츠 개발이 필요했다. 언어는 생활이자 문화이다. 언어를 삶과 문화 속에서 익힐 때, 그것은 살아 있는 언어가 된다.

쉽고 재미있게 한국어를 배울 수 있도록 교육 모델 개발에 착수한 후 교재와 프로그램이 제작되었다. '경기한국어랭귀지스쿨'을 운영하면서도 교재의 필요성이 제기된 터라 현장에서 즉시 활용할 수 있는 실질적인 성과를 얻을 수 있었다. 콘텐츠는 노래와 춤, 게임 등을 접목하여 생활 속 표현을 자연스럽게 익히도록 구성되었다. 색깔, 음식, 일상생활에서 곧바로 활용할 수 있는 표현들은 흥미로웠다.

현재 이 프로그램은 경기도 내 학교에 보급되었을 뿐 아니라 해외 교육기관을 방문할 때도 교재와 온라인 자료가 전달되면서 활용 폭도 넓어졌다. 실제로 미국의 시애틀과 워싱턴주 벨뷰, 카자흐스탄 등지에서도 이 프로그램으로 한국어를 배우는 사례가 보고되었다. 국내 다문화 학생은 물론 해외 학생들의 한국어 배우기에 더 큰 도움이 되길 바란다.

경기한국어랭귀지스쿨 '한글송'

경기교육, 카자흐스탄 정부와 MOU 체결

경기도교육청과 카자흐스탄 정부 간의 MOU 체결은 국가 내 국가의 협력 틀을 넘어선 국가 대 지방정부라는 새로운 형태의 교육 외교 모델이었다. 교육 현장의 필요에서 출발한 실질적 협력이라는 점에서 그 의미가 컸다.

카자흐스탄은 중앙아시아의 교두보 역할을 하는 국가이다. 구소련 시절부터 러시아어를 공용어로 사용해왔고, 지금도 교육과 생활 전반에서 러시아어가 널리 쓰이고 있다.

과제는 두 가지였다. 하나는 러시아어를 배우고자 하는 학생들에게 실제로 도움이 될 수 있는 우수한 교사를 선발하는 일, 다른 하나는 이 교사들이 합법적으로 안정적인 근무를 할 수 있도록 비자 문제를 해결하는 일이었다. 기존 제도에서는 학교에서 요구하는 우수한 러시아어 원어민의 채용이 단기 근로 형태로만 제한되다 보니 학교 교육과정 운영에 어려움이 많았다.

이 과정에서 중요한 진전은 카자흐스탄 정부와의 공식 협력이었다. 카자흐스탄은 경기교육의 규모와 역량, 학생 수, 교원 수, 예산 등이 세계적으로 손꼽히는 수준이라는 점을 높이 평가했다. 경기도는 지방정부이지만 카자흐스탄 정부는 직접 MOU를 체결하는 결정을 내렸다. 이 과정에서 그간 나의 다양한 경험이 신뢰를 갖게 했다고도 전했다.

이후 경기교육이 선발한 러시아어 강사들은 개인이 아니라 '국가가 인정한 인재'로서 학교에 배치될 수 있었다. 경기교육에서 석·박사급의 카자흐스탄 원어민 보조교사는 학생들에게 질 높은 교육을 보장하는 기반이 되었고, 동시에 경기도교육청의 국제적 위상을 높이는 성과로 이어졌다. 카자흐스탄에서는 130여 개의 다민족 학생들이 함께 성장하고 있다. 편견이라는 단어를 찾기 어려운 국가의 방문은 흥미로운 경험이었다.

세계시민으로의 성장

경기교육의 다문화 정책은 미래세대를 세계시민으로 성장시키기 위한 교육의 확장된 비전이다. 교재 개발, 원어민 교사 배치, 해외 대학 및 기업과의 연계, 글로벌 인턴십은 모두 "학생의 성장"이라는 본질적 목적을 향한다. 이러한 경험을 통해 다문화 학생들은 세계 속에서 당당히 설 수 있는 주체임을 깨닫는다. 교육은 개인의 자존감을 회복시키고, 더 넓은 무대로 나아가도록 돕는 가장 강력한 동력이 된다.

경기교육은 교육을 매개로 세계와 연결되고, 협력의 지평을 넓혀갈 것이다. 이는 지방정부 차원을 넘어선 새로운 교육 외교 모델이자, 미래세대를 위한 실질적 투자다. 작은 교류 하나가 한 학생의 인생을 바꾸듯, 지역의 교육이 세계의 교육으로 확장될 수 있다는 믿음을 바탕으로 경기교육은 글로벌 인재 양성의 길을 선도할 것이다. 교육을 통해 한 아이의 미래를 열고, 나아가 인류 공동의 번영을 만들어가는 것이 경기교육이 지향하는 방향이다.

"경기교육의 다문화 교육은 미래의 글로벌 시민을 길러내는 과정이다. 나아가 한국과 세계를 연결하는 든든한 다리를 놓는 일이기도 하다."

뭐든 기초공사가 튼튼해야 한다. 교육에서는 두말할 것도 없다. '기초학력'은 모든 학문의 기본이다.

경기도교육감 선거운동 과정에서도 학부모님들께 "우리 아이들의 기초학력이 부족하다"는 걱정과 우려를 참 많이 들었다. 취임 당시에 경기도의 기초학력은 다른 시·도보다 상당히 뒤처져 있었고, 학부모님들은 '즐거운 바보'를 만드는 것 아니냐는 절박한 심경을 전하기도 했다.

학교에서는 다양한 잠재 역량과 성장을 방해한다는 이유로 학력 진단을 등한시하고, 학부모님들은 "시험 좀 봤으면 좋겠다", "학교가 책임 있는 교육을 제대로 하고 있지 않다"고 토로하기도 했다. 시험이 없었던 초등학교를 마치고 중학교에 진학해도 무시험이다. 자유학년제로 무려 7년 동안 시험을 보지 않다가 중학교 2학년이 되어서야 드러나는 학업 수준. 아이가 무언가를 알고 있는 줄 알았는데, 정작 기초가 빠져 있어 아무것도 할 수 없는 상황이라고 한다. 그때 부모는 '늦었다'는 절망감과 함께 교육 전반에 대한 불신을 갖게 될 수밖에 없다는 것이다.

문제의식은 커져만 갔다. '기초학력 붕괴'라고 할 만큼 학력 미달 학생이 증가한 수치는 심각했다. 이 문제를 선거 과정에서도 공론화할 만큼, '기초학력 보장' 공약은 학부모님들로부터 많은 지지를 얻었다. 단지 학습 수준을 끌어올리는 문제가 아니라, 교육의 근본 방향을 바로잡는 문제였다.

당선 이후 기초학력 보장을 위한 정책들을 차근차근 추진해 왔다. 배움의 기초에는 문해력, 수리력, 학습 지속력, 정서적 안정감 등이 복합적으로 얽혀 있다. 사회적인 이슈와 현상도 중요한 요인으로 작용한다. 단기적인 프로그램으로는 성과를 기대하기 어렵고, 진단, 맞춤형 보충학습, 보정학습, 학습 환경, 교사의 전문성 등이 유기적으로 맞물려야 한다.

단순히 진단해서 예산을 투입하면 해결된다는 식의 접근으로는 근본적인 변화가 일어나지 않는다. 학교 안의 수업, 교사의 평가 방식, 학부모님들의 인식, 사회의 교육관까지 함께 바뀌어야 비로소 실효성 있는 정책이 될 수 있다.

미래를 위한 교육의 기본, 기초학력

2022년 취임 이후 마주한 경기교육 학생들의 기초학력은 코로나19의 직격타가 그대로 반영된 결과였다. 장기간의 비대면 수업과 제한된 학습 활동의 여파가 학습 결손과 격차로 이어져 단기간에 회복하기에는 한계가 있었다. 학생들을 검진한 결과 코로나19 이전보다 높은 우울과 불안감을 보였기 때문에 심리적·정서적 안정을 위한 지속 지원도 필요해 보였다.

학교 현장에서는 이러한 심각성을 인지하고 효과적인 방법을 찾고자 부단히 노력했다. 교사들은 학생들의 특성을 싶이 있게 살피고, 무엇이 부족한지 진단한 후 맞춤형으로 지원해나갔다. 학습 요인뿐만 아니라 학생들의 교우관계, 가정환경까지 범위를 확대하며 세심하게 살피는 모습이었다. 이 과정에서 교사들은 학교가 발휘한 자율성과 책임감이 기초학력을 향상시키는 가장 큰 동력이었다고 전했다.

경기교육은 학교 현장의 노력을 적극적으로 뒷받침하며 정책적으로 지원했다. 에듀테크 기반 진단-보정 시스템을 통해 기초학력 진단율을 2022년 89%, 2023년 90%, 2024년 92%까지 꾸준히 높여갔고, 인공지능 멘토링으로 1:1 맞춤형 교육도 확대했다. 또 하이러닝 플랫폼을 활용해 학생 개개인의 개념 이해도를 철저히 점검하고, 기초학력이 부족한 학생들은 반복 학습과 맞춤형 콘텐츠로 지원했다.

그 결과 2023년 상반기와 하반기 초등학생의 기초학력 미달 비율은 전체 학생의 1.65%에서 0.68%로 절반 이상 감소했다. 중학생의 경우 전체 학생의 2.48%에서 1.4%로 감소했고 고등학생 역시 1.92%에서 0.73%로 줄어들었다. 그러나 1년의 성과로는 판단하기 어려운 것이 기초학력 평가이다. 2022년부터 2024년의 전체 통계를 보면 초등학생 기초학력 미달 추이는 소폭 감소했지만, 중학생·고등학생은 기초학력 보장 정책 추진을 강화해야 할 상황이다. 물론 코로나19의 여파와 다문화, 경계선 지능, 난독 등의 학생이 증가한 점을 감안하면 기초학력 정책 추진의 효과는 매년 분명해지고 있다.

교사들 역시 학습 결손이 있는 학생들이 수업에 더 적극적으로 참여하고 자신감을 잃고 수업에서 소극적이던 학생들도 공부에 흥미를 갖는 모습을 보였다며, 지속적인 관심과 노력이 학생들의 성장에 긍정적인 영향을 주고 있어 보람된다고 전했다.

기초학력에 집중! 경기 기초학력 보장 집중주간

튼튼한 뿌리를 내리지 않은 나무는 제대로 자랄 수 없듯이, 학생들의 성장 또한 탄탄한 기초학력 위에서 이루어진다. 경기교육은 '경기 기초학력 보장 집중주간'을 마련하여 기초학력의 중요성을 다시 한번 되새기고, 학생들에게 도움이 되는 효과적인 지원 방안을 논의하고자 했다.

집중주간은 학생 개개인의 성장을 실질적으로 돕기 위해 경기교육가족 모두 머리를 맞대고 지혜를 모으는 소중한 시간이었다. 교사와 학부모, 교육정책 관계자들이 함께 모여 진솔한 현장의 목소리를 나누고, 학교와 지역사회가 더욱 효과적으로 협력할 방안을 찾기 위한 의미 있는 대화의 장이었다.

경기교육은 앞으로도 모든 학생이 튼튼한 기초학력을 갖추고 자신의 꿈을 마음껏 펼칠 수 있도록 지원과 노력을 아끼지 않을 것이다. 경기교육가족의 따뜻한 관심과 노력이 우리 학생들의 밝은 미래로 이어질 것이라 믿는다.

잘하는 학생의 실력을 높이는 것은 물론, 학습이 뒤처진 학생들을 일정 수준으로 끌어올리는 것이 시급하고 중요하다고 생각했다. 학습격차를 줄이지 못하면 결국 학생의 성장을 이루기 어렵기 때문이다.

이러한 고민 끝에 2025년 경기도교육청은 도내 모든 초·중학교 대상의 기초학력 미달 학생 전수조사를 실시했다. 그동안은 희망자에 한해 기초학력 보충을 지원해왔으나 경기교육은 전국에서 처음으로 전수조사를 통해 도내 현황을 정확하게 파악하고 향후 지원 대책도 체계적으로 세우게 된 것이다.

2025년 5월부터 6월까지 진행된 전수조사에서는 경계선 지능 학생 체크리스트가 사용되었다. 이 조사 결과에 따라 경계선 지능 의심 학생이 분류되었고 심층적인 평가를 거쳐 맞춤형 학습 지원을 시작했다. 현장에서는 이전에 발견하지 못했던 학생들이 제때 도움을 받고 학교생활에 안정적으로 참여하고 있다는 긍정적인 변화가 나타났다.

"튼튼한 뿌리를 내리지 않은 나무는 제대로 자랄 수 없듯이, 학생들의 성장 또한 탄탄한 기초학력 위에서 이루어진다."

*2025년 7월, 기초학력 보장 집중주간 학부모 연수

미래를 준비하는 교육, 하이러닝!

늘 이야기한다.
"우리가 새롭게 하지 않으면,
우리 아이들을 제대로 교육할 수 없다"고.

세상의 변화가 얼마나 놀라운지 일상의 변화조차 예측하기 어려울 정도다. 어제, 오늘, 내일의 익숙함과 낯섦. 이 모두가 공존하는 현재를 사는 지금의 변화는 이제 익숙해지는 것이 아니라 변화 자체가 일상이 되어야 한다.

얼마 전 초등학생인 손주와 아이스크림 가게에 갔다. 계산하려고 지갑에서 카드를 꺼내는데, 손주는 신기한 눈으로 쳐다보았다. 그러고는 대뜸 "할아버지, 카드를 어떻게 꺼내셨어요?" 나는 어리둥절했다. "카드를 어떻게 꺼냈냐고?" 손주는 핸드폰 안에 있는 카드를 어떻게 꺼냈냐는 것이었다.

그 순간 나는 웃음이 터졌다. 아, 세상을 보는 눈이 이렇게 다르구나. 말로 표현할 수 없는 변화를 실감했다. 사실 나는 아직도 핸드폰 밖의 카드가 익숙한데, 손주에게는 핸드폰 속의 카드가 너무나 당연한 듯했다.

이렇게 우리는 같은 시간을 살지만, 서로 다른 세상에 살고 있다. 생각해보면 참 흥미롭다. '핸드폰에 카드를 넣는 게 궁금한 세대'와 '핸드폰에서 카드를 빼는 게 궁금한 세대'.

어쩌면 우리가 살아가는 세상은 이렇게 각기 다른 경험과 생각이 한 공간에서 함께 어우러지며 미래를 만들어가는 게 아닐까? 나는 손자와 눈을 마주치며 다시 웃었다. 이렇게 다른 우리가 함께 만들어갈 내일이 기대되는 날이었다.

하이러닝, 미래교육을 위한 플랫폼

아이들이 살아갈 미래 세상은 지금 우리가 경험하지 못한 세상이다. 지금까지의 경험과 지식만으로는 충분하지 않다. 인공지능(AI)과 디지털 기술은 이미 사회 전반에 영향을 미치고 일상뿐 아니라 삶의 방식도 바꾸고 있다.

이러한 변화 속에서 우리가 직면하고 있는 과제가 저출산과 고령화 현상이다. 태어나는 아이는 적고, 이들이 짊어져야 할 책임은 커져만 간다. 노동인구는 줄어들고 돌봄의 손길은 더 많이 필요해진다. 결국 더 적은 수의 사람이 더 많은 역할을 감당해야 하는 사회로 빠르게 이행 중이다.

이 상황에서 가장 현실적인 대응이 AI와 디지털 기술의 활용이다. 앞으로 사회가 요구하는 역할과 책임을 감당하려면, 지금보다 훨씬 더 높은 수준의 역량, 지금보다 몇 배의 역량을 발휘할 수 있어야 할 것이다. 이를 위해 개인이 가진 특성과 잠재력을 최대한 끌어올려야 한다. 그리고 AI 같은 디지털 기술을 적극적으로 활용할 수 있어야 한다.

그래서 우리는 '하이러닝'이라는 미래교육을 위한 교육 플랫폼을 개발해서 활용하기 시작했다. 하이러닝은 디지털과 인공지능(AI) 시대에 학생들이 자유자재로 활동할 수 있는 역량을 키우고, 디지털 역량뿐 아니라 각자의 능력을 최대한 발휘할 수 있는 맞춤형 교육을 제공한다.

'하이러닝'은 세 가지 의미와 방향성을 동시에 포함하는 이름이다. 첫째는 높게 성장한다는 의미의 'High', 둘째는 참여와 인사를 의미하는 'Hi', 셋째는 온라인과 오프라인 수업 환경을 융합한다는 의미에서 'Hybrid'의 'Hy'다.

최근 애칭이 하나 더 늘었다. 초등학교에서는 자신들끼리 '높이뛰기(high running)'라고 부른다고 한다. '높이뛰기' 하면 '하이러닝'으로 통한다고. 아이들 생각이지만 위 세 가지 설명보다 오히려 더 잘 설명해주는 것 같다. 교육을 통해 더 높이 뛰도록 하는 하이러닝! 엉뚱한 듯 시작됐지만, 창의력이 돋보이는 작명이라는 생각이 든다. 하이러닝! 아이들 눈엔 벌써 날아오를 준비를 마친 '도약대'가 되었는지도 모르겠다.

하이러닝은 교사를 돕는 조력자

하이러닝은 수업 방식 자체가 중요한 변화다. 기존의 오프라인 수업에서는 학생 개개인의 학습 과정을 교사가 실시간으로 관찰하기 어려웠다. 하지만 하이러닝은 학습 로그를 통해 학생의 이해 정도, 머무는 시간, 재시도 횟수 등을 데이터를 통해 객관적으로 보여준다.

교사는 학생들에게 맞춤형 피드백을 제공하고, 학생별 학습 전략을 설계할 수 있다. 모든 수업은 실질적인 '개별화 수업'이

가능하다. 덕분에 교사는 더욱 효율적으로 학생을 교육하고, 학생은 더 높은 학습 동기와 수업 참여도를 보여주고 있다.

하이러닝 수업 시간에는 학생들이 적극적으로 참여하기 때문에 잠을 자는 학생들이 없다는 공통점이 있다고 한다. 그만큼 흥미로운 수업이라는 의미다. 눈에 띄지 않던 학생들의 역량도 확인할 수 있다. 자신의 의견을 발표하는 데 어려움을 겪는 학생도 하이러닝 안에서는 적극적인 학습자로 활동하고 있으니 말이다.

결국 하이러닝은 교사의 업무를 대체하거나 빼앗는 도구가 아니라, 교사가 교육 본연의 일에 더욱 몰입할 수 있도록 돕는 조력자다. 수업과 행정의 균형을 회복하고, 관찰과 피드백이 중심이 되는 교실을 구현한다. 교사와 학생이 '학습'이라는 본질적 관계로 다시 연결될 수 있도록 하는 플랫폼이다.

출결도, 성적도, 피드백도… 하이러닝 안에서

하이러닝은 우리 학교 현장에서 교사들이 학생 교육 외에 수많은 관련 업무들로 지쳐있는 상황을 개선하기 위해 기획된 시스템이기도 하다. 교사들은 수업 외에도 출결 관리, 성적 처리, 생활기록부 입력, 각종 행정 문서 작성 등 수많은 업무에 시달리고 있다. 이로 인해 정작 학생 개개인을 깊이 관찰하고, 수업의 질을 높이는 데 쏟을 시간이 부족한 것이 현실이다.

하이러닝은 이 같은 문제를 근본적으로 해결할 수 있도록 고도화해나가고자 한다. 학생의 출결, 학습 진도, 이해도, 강점과 약점 등 모든 데이터를 자동으로 기록하고 분석해주기 때문에 교사는 일일이 부수적인 관리 업무에 매달릴 필요가 없어지게 된다.

과거에는 학생 출결 정보를 직접 입력하고 확인하느라 많은 시간을 들여야 했지만, 하이러닝은 학습 접속 정보와 활동 데이터를 기반으로 자동 출결 관리가 가능하다. 성적이나 학습 기록 역시 마찬가지다. 또 학부모에게는 자녀의 학습 상황을 교사와 함께 지속적으로 확인하고 소통할 수 있는 창구도 마련된다. 가정과 학교가 협력하여 아이의 성장을 함께 이끌어가는 구조가 가능해지는 것이다.

교사들은 하이러닝 안에서 자신의 경험과 자료를 자율적으로 공유하고, 다른 교사의 지혜를 참고하며, 공동의 지식 생태계를 만들어간다. 이 플랫폼을 통해 교사의 전문성은 더욱 정교해지고, 학생 개개인에게 맞는 수업 설계도 가능해졌다.

하이러닝에는 현재 154만여 건 이상의 교육 콘텐츠가 구축되어 있다. 학생들은 이 자료를 활용해 원하는 시간, 원하는 수준에서 자기주도적 학습을 할 수도 있다. 학교 수업 시간 외에도 스스로 계획을 세우고 학습할 수 있도록 구성되어 있어 결과적으로 학습의 질과 양 모두에서 향상이 나타난다.

무엇보다 교사들의 반응이 달라졌다. 단순 반복 업무가 줄고,

학생 개개인에게 집중할 수 있게 되었다는 현장의 목소리가 많다. 학생들 역시 "필요한 자료를 스스로 찾고 학습하는 게 편하다", "이해가 안 된 부분을 바로 찾아볼 수 있어 좋다"는 반응이다.

하이러닝은 교사분들께 드리는 '선물'

"하이러닝을 한 번도 못 해보신 분들은 있어도 한 번만 사용해본 선생님은 없다"라고 한다. 사용해본 교사분들의 한결같은 답변이다. 하이러닝은 교사의 더 깊이 있는 수업 설계와 개별 학생에 대한 이해를 도와주고, 복잡한 행정에서 벗어나 교사 본연의 역할에 집중할 수 있게 한다. 학생과 마주하는 시간을 더욱 의미 있게 만들 수도 있으니, 교사분들께 드리는 선물이라는 마음으로 전한다. 경기미래교육은 이 선물을 더 많은 교사와 학생이 나눌 수 있도록 지속적으로 발전시켜나가고자 한다.

"앞으로 사회가 요구하는 역할과 책임을 감당하려면, 지금보다
훨씬 더 높은 수준의 역량이 필요하다. 개인의 역량을 극대화하
기 위해서는 AI 같은 디지털 기술을 적극적으로 활용할 수 있어
야 한다."

디지털 시민교육,
안전하고 올바른 스마트기기 사용

아이들에게 스마트기기를 주는 게
정말 괜찮은가요?

자주 듣는 질문이다. 경기교육에서도 1인 1스마트기기 보급과 하이러닝을 통해 디지털 수업이 본격화되면서, 우려의 목소리도 높아졌다.

그러나 조금 다르게 생각해보자. 돈을 분별없이 쓸 수 있다고 해서 그 사람의 경제권을 아예 빼앗는 것이 옳은가? 권한을 일하는 데 안 쓰고 남용할 가능성을 우려해 모든 권한을 무조건 제한하는 것이 정당한가? 아니다. 중요한 것은 돈이나 권한 자체가 아닌 사용하는 사람의 분별력 있는 태도와 윤리적 판단이다.

디지털 기술도 마찬가지다. 아무리 뛰어난 기술이라도 올바른 윤리와 인성이 없다면 위험한 도구가 될 수 있다. 최근 우리 사회에서 논란이 되는 디지털 문제들 역시 사용하는 사람의 태도와 판단에서 비롯된 경우가 많았다.

디지털 교육도 같은 관점에서 봐야 한다. 부작용이 우려된다고 스마트기기 사용을 무조건 금지하거나 제한하는 것은 근본적인 해결책이 아니다. 오히려 아이들이 스스로 바람직한 판단을 할 수 있도록 분별력과 윤리적 소양을 키워주는 교육이 바람직하다.

아이들이 앞으로 살아갈 미래는 지금보다 훨씬 더 디지털화된 세상일 것이다. 부작용이 걱정된다는 이유로 아이들의 미래 역량을 키우지 못한다면 더 큰 문제를 초래할 수 있다. 우리가 해야 할 일은 문제를 명확히 인식하고, 아이들이 자기조절 능력을 키워 스스로 문제를 해결할 수 있도록 안내하는 것이다.

경기교육, 무엇을 어떻게 가르치고 있는가

취임 직후인 2022년 9월 1일, '디지털 시민교육 전담팀'을 신설했다. 당시만 해도 아직 챗GPT(ChatGPT)가 등장하기 전이었고, 디지털 시민교육을 별도로 다루는 교육청은 거의 없었다.

하지만 디지털 전환이 가속화되는 시점에서 학생들이 주도적으로 살아가기 위해 디지털 시민교육이 무엇보다 중요하다고 판단했다. 그동안의 디지털 교육은 주로 기술적인 활용법이나 위험을 예방하는 차원이었다. 그러나 이제는 다르다. 정보는 너무 빨리 제공되고, 콘텐츠는 쉴 새 없이 쏟아지며, 관계는 온라인에서도 이어진다. 디지털 기술은 이제 삶의 일부가 되었다. 이런 환경에서 학생들에게 필요한 역량은 기술을 잘 쓰는 능력뿐만 아니라, 디지털 기술을 '어떻게' 사용할지를 판단하는 분별력이다.

디지털 사회 변화에 대한 대응 속도도 중요하지만, 방향이 더욱 중요하다. 경기도교육청이 추진하는 디지털 시민교육은 크게 두 축으로 구성된다. 하나는 디지털 사회에 대한 올바른 이해를 바탕으로 기술을 책임감 있게 사용할 수 있는 시민 역량을 기르는 것이고, 다른 하나는 디지털 기술을 활용해 창의적이고 생산적인 활동을 해낼 수 있는 창의 역량을 기르는 것이다.

경기교육은 진단 도구를 개발해 학생들이 스스로 자신의 디지털 역량을 점검하고 성장 경로를 계획할 수 있도록 지원하고 있다. 아울러 교사도 일상 수업에서 디지털 시민교육을 쉽게 활용할 수 있도록 다양한 자료도 함께 보급하고 있다.

무엇보다 디지털 시민교육은 별도의 교육이 아니라, 정규 교육과정 속에 체계적으로 자리 잡아야 한다. 초등부터 고등까지 교육과정 전반에 걸쳐 일관된 흐름을 갖도록 교과서와 가이드북도 단계적으로 개발하고 있다.

딥페이크 위기 속 디지털 시민교육의 역할

2024년 8월 말, 디지털 기술을 악용한 심각한 사건이 발생했다. 청소년과 교사의 얼굴이 인공지능으로 조작되어 온라인에 유포된 범죄였다. 전국적으로 수백여 건의 신고가 접수됐고, 피해자도 가해자도 대부분 청소년이었다.

경기도교육청은 즉각 대응에 나섰다. 피해 학생에 대한 법적·심리적 지원을 우선으로 하면서, 동시에 이 같은 사건이 반복되지 않도록 디지털 범죄예방 교육 자료를 개발하여 학교 현장에 즉시 보급했다. 이후 교사 연수와 학생 세미나, 학부모 설명회를 통해 문제의식과 대응력을 높였다.

이번 사건은 디지털 기술이 얼마나 빠르게 악용될 수 있는지를 보여준 동시에, 기술 자체보다 중요한 것은 사람의 판단과 태도라는 사실을 다시 한번 확인하게 했다. 그 교육의 핵심에 디지털 시민교육의 준비와 대응력이 있었다.

학생들의 미래, 살아갈 힘을 기르기 위하여

경기교육이 지향하는 디지털 시민교육은 학생들이 스스로 묻고 판단할 힘을 기르는 것이다. 스마트기기를 사용할지 말지를 결정하는 교육이 아니라, 어떻게 자율성을 지키며 사용하는 것이 책임 있는 태도인지 스스로 성찰할 수 있도록 돕는 교육이다.

경기교육은 앞으로도 디지털 시민교육을 지속적으로 심화시키고, 미래를 살아갈 학생들에게 필요한 균형 있는 디지털 역량을 키워갈 것이다. 그것이 바로 디지털 시대의 교육이 지향해야 할 방향이기 때문이다.

"스마트기기를 안전하고 올바르게 사용하기 위해서는 아이들이 스스로 바람직한 판단을 할 수 있도록 분별력과 윤리적 소양을 키워주는 교육이 바람직하다."

*2024년 5월, '2024 질문하는 학교' 선정 광주 광수중학교 방문

경기교육의 혁신적 평가 시스템: AI 기반 서·논술형 평가

경기도교육청은 AI 기반의 서·논술형 평가 시스템을 개발했다. 이 시스템은 AI 교수-학습 플랫폼인 '하이러닝'을 통해 활용된다. 2025년 9월부터 새롭게 적용된 교육과정과 연계하여 현재 초등학교 3학년 이상, 중학교 1학년과 고등학교 1학년을 대상으로 국어·사회·과학 교과에서 활용하기 시작했다. 2026년부터는 전 과목을 대상으로 확대 운영할 계획이다.

경기교육은 타 시·도보다 한 발 앞서 서·논술형 평가를 강화해왔다. 그러나 당시의 논술형 문항은 '정답 맞히기'에 초점이 맞춰져 있었고, 사고력보다는 암기력 중심의 채점이 이루어졌다. 새로 도입한 'AI 기반 서·논술형 평가'는 학생 개개인의 논리적 사고력과 창의력, 문제해결력, 자기주도성을 평가하는 데 주안점을 둔다. 학생들은 이제 정답을 맞히는 대신, 자신의 관점과 논리를 기반으로 다양한 답안을 창의적이고 명확하게 제시할 수 있게 되었다.

서·논술형 평가를 도입하기 위해 가장 고민한 부분은 '평가의 객관성과 공정성을 어떻게 확보할 것인가'였다. 공정성에 대한 우리 사회의 시각은 과하다 할 정도로 매우 예민하다. 수능에서 한 문항의 오류만 발생해도 평가원장이 책임지고 물러나는 현실에서 "과연 이 새로운 평가 방식이 제대로 정착하고 신뢰받을 수 있겠는가?"라는 문제 제기는 당연한 일이었다.

우리는 이러한 인식을 바탕으로, 객관적이고 공정한 AI 기반 서·논술형 평가 체계를 설계하는 데 최선을 다했다. 시스템은 세계적으로 통용되는 IB 평가 방법 등을 참고하고, 평가 전문 역량이 높은 교사들의 집중 연구로 학생의 본질적인 역량을 종합적으로 평가할 수 있는 시스템을 만들었다.

시스템 구축 과정에서 또 하나 중요하게 다룬 부분은 'AI의 채점이 실제 교사 채점과 얼마나 일치하는가?'였다. 결과는 매우 긍정적이었다. AI 채점 결과와 교사 채점 결과의 상관계수는 모두 0.9 이상을 기록했다. 이는 AI가 교사 수준의 판단을 재현할 수 있다는 가능성을 입증한 것이다.

교육 현장에서 확인된 실질적 성과

AI 기반 서·논술형 평가시스템의 도입은 교육 현장에서도 뚜렷한 변화를 불러왔다. 교사는 채점 부담에서 벗어나 학생 지도와 수업 준비에 더 집중할 수 있었고, 학생들은 즉각적이고 명확한 피드백을 통해 스스로 학습을 발전시킬 수 있게 되었다. 이러한 변화는 학생들에게 학습의 동기를 부여하고, 교사들에게는 창의적이고 깊이 있는 수업 설계의 기회를 제공했다.

2025년 7월 2일, 경기도교육청에서 '2025 디지털 전문 교원 아카데미 성과 나눔 발표회'가 개최되었다. 다양한 교육정책을 소개하는 부스 중에서 참석자들의 관심이 집중된 분야는 'AI 기반 서·논술형 평가' 분야였다. 해당 부스에서는 평가의 운영 원리와 적용에 대한 질문이 이어졌고, 평가 운영 원리와 기능을 체험한 참가자들의 반응은 매우 긍정적이었다.

학생들은 AI가 구체적인 피드백을 주니 왜 그런 점수를 받았는지 확실히 알 수 있었고, 글을 더 설득력 있게 잘 쓰게 되었다며 긍정적인 반응을 보였다.

현장의 교사들도 "서·논술형 문제 채점에 부담이 확 줄었다. 그간 창의적이고 깊이 있는 다양한 논술 문제를 내고 싶었지만 평가의 객관성과 공정성 논란 때문에 어려웠다"고 했다. 하지만 이제 걱정하지 않고 다양한 문제를 낼 수 있게 된 것을 호평했다.

행사에 참여한 기자가 직접 시스템을 검증한 결과도 인상적이었다. 고의로 근거 없이 모호하게 작성한 답안에 대해 AI 시스템은 미흡한 부분을 정확히 지적하는 피드백을 제공했다.

기자는 기사를 통해 이 시스템을 상세히 검증한 내용을 기술하며 "객관성과 공정성을 모두 확보하는 것은 물론, 학생별로 부족한 점을 정확히 안내해 학생들이 스스로 자신의 부족한 점을 보완하고, 사고력도 높일 수 있을 것으로 기대한다"라며 "교사역시 정확하고 객관적인 평가를 위한 역량 강화를 위해 노력하고, AI 활용으로 확보된 물리적 시간을 수업 준비 및 세심한 학생지도·관리에 사용함으로써 보다 교육이 교육다워질 수 있는 기회의 제공도 가능할 것으로 전망"하게 되었다고 보도했다.

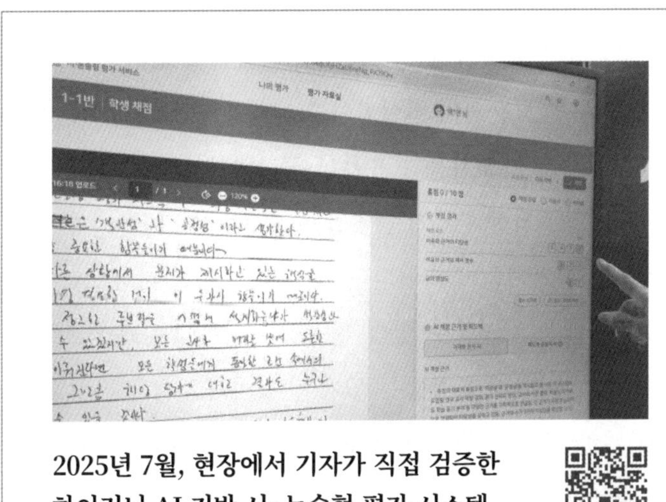

2025년 7월, 현장에서 기자가 직접 검증한
하이러닝 AI 기반 서·논술형 평가 시스템

신뢰를 바탕으로 한 정교한 평가기준,
대한민국 교육의 본질적 변화를 위한 도전

공정한 평가를 실현하기 위해서는 '어떤 문제를 출제할 것인가', '평가기준은 어떻게 설정할 것인가'를 결정해야 한다. 질문과 정교한 평가기준, 즉 루브릭(rubric)이 필요하다.

특히 절대평가 체계 안에서 어느 수준을 기본(Basic), 표준(Standard), 핵심(Core)으로 정할지 기준이 필요하다. 즉 최우수, 우수, 보통, 저조, 미달 등으로 구분할 수 있는 평가 척도가 마련되어야 한다. 이 기준은 새로운 개념이 아니다. 이미 많은 교사가 수업 속에서 축적해온 경험으로 알고 있다. 다만 제도화되지 않았을 뿐이다.

경기교육은 교사들의 경험을 데이터화하고 합의 가능한 최소한의 기준을 도출하여 현실적이고 신뢰할 수 있는 평가기준을 마련하고자 했다. 교사들의 충분한 공감대가 형성될 수 있다면 적용 가능한 공정한 평가기준이 될 수 있을 것이다.

이러한 평가기준이 확립되면 각 대학은 이를 바탕으로 다양한 입시 전략을 수립할 수 있다. 전공별로 과목에 따라 필요한 성취 기준을 유연하게 운영할 수 있게 될 것이다.

AI 기반 서·논술형 평가는 단순한 평가 체계의 개편을 넘어 대한민국 교육의 본질적 변화를 이끄는 동력이다. 평가가 변하면 수업이 변하고, 수업이 변하면 학생들의 학습과 미래가 달라진다.

교육 혁신은 한 지역, 한 기관만의 노력으로는 불가능하다. 대학과 학교, 교사와 학생, 학부모 모두의 참여와 협력, 그리고 무엇보다 신뢰가 필수이다. 이것이야말로 대한민국의 지속가능한 미래를 위한 가장 확실한 투자다.

지금 우리는 대한민국 교육의 새로운 미래를 열어가는 첫걸음을 내디뎠다. 우리의 도전은 이미 시작되었다.

Part IV

IM_Possible

누구도 소외되지 않는
교육의 3섹터

공교육 1섹터: 학교

- 경기미래교육의 중심

중학교 시절의 일이다. 눈이 소복이 쌓인 어느 겨울날, 실내 수업을 하시던 체육 선생님께서 우리를 운동장으로 나가 모이게 하셨다. 그러고는 출발선을 긋고 눈을 감고서 똑바로 걸어보라 하셨다. '뭐, 이 정도야 쉽지!' 처음엔 자신 있었다.

하지만 막상 눈을 감고 한 발자국씩 움직이는데, 보이지 않는 어둠 속에서 무언가 불안했다. 나도 모르게 팔을 앞으로 뻗었고, 어디로 어디까지 가야 하는지 그 짧은 시간이 길고 아득하게만 느껴졌다. 결국 눈을 떴을 때, 나는 엉뚱한 곳을 바라보고 있었다. 다른 친구들도 마찬가지였다.

이런 가운데 똑바로 걸은 발자국을 남긴 한 친구가 있었다.

선생님이 그 비결을 묻자 "저기 보이는 산의 꼭대기를 마음속 목
표로 정하고 걸었습니다!"라고 답변했다. 목표가 분명하니 곧장
걸어갈 수 있었던 거다. 어린 나이였지만, 목표를 정하고 그 중심
을 잡는 일이 얼마나 중요한지 깨달았다. 그날 운동장 위 하얀 눈
밭에서의 경힘온 내 평생의 교훈으로 남았다.

교육에서도 그렇다. 방향을 잃지 않고 나아가기 위해서는 명
확한 중심과 목표가 필요하다. 경기교육은 그 중심을 '학교'에 두
고 있다. 수없이 변화하는 교육정책과 갈등 속에서도 교육의 중
심에는 언제나 학교가 있어야 한다는 사실은 변하지 않는다.

학교는 학생들이 학습 능력과 인성, 미래사회가 요구하는 핵심 역량을 균형 있게 키워나가는 교육 공동체이다. 모든 교육활동이 시작되는 기본 학습터이자 학생들이 삶의 방향을 찾는 출발점이기도 하다.

경기교육은 학교를 중심으로 지역사회와 협력하고, 온라인 학습 환경까지 확장하여 학생들의 다양한 성장을 지원하고 있다. 특히 경기미래교육과정은 학생 개개인의 특성과 요구에 따라 '맞춤형 교육'을 실천한다. 모든 학생이 기본적인 학력을 갖추도록 지원하는 것은 물론, 창의력과 문제해결력, 자기주도성 등 역량 기반 교육을 강화하고 있다. 이를 통해 우리 학생들이 미래사회에 주체적으로 대응할 힘을 갖도록 교육하고자 한다.

이러한 변화는 단지 교육청의 지침이나 정책만으로는 어렵다. 교육의 중심이 학교라면, 변화를 만들어가는 주체 역시 학교가 되어야 한다. 학교가 중심을 잡고 교육활동을 운영할 때, 학생들도 혼란 없이 안정적으로 성장할 수 있다. 내가 어린 시절 눈감고 눈길 걷기에서 깨달았던 경험이 여전히 기억에 남는 이유도 이와 같다.

"경기교육의 중심은 학교이다. 수없이 변화하는 교육정책과 갈등 속에서도 교육의 중심에는 언제나 학교가 있어야 한다는 사실은 변하지 않는다."

*초등학교 6학년 시절 담임선생님과 함께

학교의 변화는 학교에서 시작

　학교가 자율성을 갖추려면 스스로 문제를 진단하고 해결할 힘을 키워야 한다. 학교는 스스로의 문제를 가장 잘 알고 있다. 그래서 스스로 해결할 수 있는 역량을 갖추는 것이 중요하다. 이것이 '학교자율과제' 정책을 추진하는 취지이다.

　학교자율과제는 학교 스스로 현안을 발굴하고, 구성원 간 협의를 통해 목표를 세우고 해결 방법을 찾는 자율적 실천 활동이다. 모든 학교는 상황이 다르고, 학교가 당면한 문제도 다르다. 그래서 학교마다 특성에 맞는 과제를 설정하고 해결 방법을 찾아야 한다. 이 과정에서 교육과정뿐 아니라 예산과 인력, 공간 활용까지 자율적으로 계획하고 운영한다.

　학교자율과제는 학교 구성원이 중심이 되어 스스로 현장의 변화를 만들어가는 과정이다. 학교가 자신의 문제를 주도적으로 진단하고 해결할 역량을 갖출 때, 교육 현장의 변화가 가능해진다. 교육의 질은 물론 만족도도 높아질 수 있다.

경기교육은 학교자율과제를 통해 학교가 주도하는 교육혁신과 성장을 지원하고자 한다. 학교의 변화가 학교에서 시작되고, 학교가 중심을 잡고 변화할 때 경기교육의 미래가 펼쳐진다.

학교 교육의 핵심은 현장에 있다. 학교 교육, 변화의 시작은 현장이 중심이 되어야 한다. 변화의 중심에는 교사가 있다. 교사들이 서로 신뢰하고, 협력하고, 자율적으로 전문성을 키울 때 학교는 건강하게 성장할 수 있다.

경기미래장학은 학교가 중심이 되고 교사가 주도하는 자율적인 장학이다. 과거의 장학은 일방적으로 지시하고 점검하고 평가하는 방식으로 이루어져왔다. 그러나 장학의 역할 또한 변화가 필요하다. 장학은 학교가 주도적으로 교육과정과 학교운영 전반을 발전시킬 수 있도록 지원하는 방향으로 바뀌고 있다. 교육청은 더 이상 학교를 관리하거나 지시하는 기관이 아니라, 학교가 실제로 필요로 하는 도움을 제공하는 지원자의 역할을 해야 한다.

교육청은 학교가 잘할 수 있도록 환경을 만들어주는 역할을 해야 한다. 학교 현장의 불필요한 업무와 어려움을 덜어주고, 교사들이 마음껏 역량을 펼칠 수 있도록 환경을 만들면서 필요한 것을 적극적으로 지원해야 한다. 경기미래장학은 바로 이런 교육행정의 새로운 역할을 제시하는 중요한 전환점이다.

학교는 학교자율과제를 통해 스스로 문제를 발견하고 해결하는 힘을 키우며, 교사들은 학교자율장학을 통해 전문성을 높이고 서로 협력하며 성장한다. 학교가 자율성을 바탕으로 변화와 혁신의 주체가 될 때, 학생들은 자신의 목표를 뚜렷이 설정하고 미래를 향해 나아갈 수 있을 것이다.

"학교가 자율성을 갖추려면 스스로 문제를 진단하고 해결할 힘을 키워야 한다."

*2025년 6월, 2025 지구상학 콘퍼런스

업무 경감, 교육에만 집중할 수 있도록

"호문호찰(好問好察) 은악양선(隱惡揚善)

집기양단(執其兩端) 용기어중(用其於中)."

"묻고 살피기를 좋아하며, 잘못은 감싸주고 선행은 드러내며, 서로 다른 양극단의 의견을 충분히 듣고, 그 가운데에서 균형 잡힌 결정을 내리면 된다"는 뜻으로 공자가 정치에 대해 한 말이다. 경기교육 정책 역시 이러한 근간에서 추진되어야 한다고 생각한다. 현장의 의견을 충분히 듣고, 필요한 것이 무엇인지 살펴야 한다. 이를 위해 경기교육은 학교가 본연의 역할에 집중할 수 있도록 다양한 정책을 추진하고 있다.

업무 효율화와 경감을 위해 '학교업무개선 전담부서' 신설

2023년 3월, 학교업무를 개선하기 위한 전담부서를 신설했다. 초반에는 통상업무가 아닌 특별업무라고 생각해서 특별부서를 두었지만, 이제는 통상업무가 되어야 한다는 생각에서 2025년 3월, '행정관리 담당관'으로 정식 배치를 했다. 기존의 '학교업무 개선'과 '행정관리 담당'을 통합해 학교 현장에서 오랫동안 필요로 했던 체계적인 업무 관리와 추진력을 갖추려는 조치였다.

과거 경기교육에서는 각 학교의 업무들이 여러 부서에 나누어져 처리되는 상황이었다. 업무 효율화를 위한 개선 요구 역시 여러 부서에서 처리되다 보니, 현장에서는 '무엇이 어떻게' 개선되었는지 체감하기 어려웠다. 업무 경감과 효율에 대한 다양한 요구를 효과적으로 수렴하고 관리하는 중심 역할의 필요성은 늘 제기되어왔다.

행정관리 담당관은 바로 이러한 현장의 필요를 반영해 탄생했다. 학교에서 제기되는 다양한 의견들을 효과적으로 모아 관린 부서에 명확히 전달하고, 업무를 보다 간결하고 효율적으로 처리할 수 있는 기반을 마련한 것이다.

이 부서의 신설 이후 흩어져 있던 업무는 체계적으로 정리되었고, 현장의 의견은 직접 전달되기 시작했다. 그 결과 학교 구성원들이 교육의 본질적 역할에 집중할 수 있는 환경이 조성되었고, 업무 개선을 위한 실질적인 변화와 추진력이 확보되었다.

연간 1만여 건의 공문, 양적 그리고 질적 개선

연간 학교 공문 1만여 건. 학교 내부뿐 아니라 지역청, 교육청, 교육부, 외부 기관, 유관 단체 등에서 끊임없이 쏟아지는 문서다. 학교 현장에서 수많은 공문을 처리하고 작성하는 일이 교직원들에게 상당한 부담으로 작용한 것은 당연한 일이었다.

학교 현장의 목소리를 들어보니, 단순히 공문 수를 줄이는 것만으로 이 문제를 해결할 수는 없었다. 공문의 다양한 정보를 차단할 수는 없었고, 수많은 기관을 차단할 수도 없는 일이었다. 중요한 것은 공문의 숫자가 아니라, 공문이 얼마나 명확한 메시지를 전달하느냐였다. 학교는 늘 목적이 모호하거나 여러 업무가 한꺼번에 뒤섞인 공문으로 인해 업무가 복잡해지고 혼란스러워졌다. 그래서 학교의 실제 업무 부담을 낮추기 위해 공문의 질적 개선부터 시작했다.

먼저 공문 형식을 변경했다. 이 제도는 공문 제목에 '협조', '제출', '출장' 같은 업무의 성격을 명확하게 표시하도록 한 것이다. 덕분에 교사와 직원들이 공문을 한눈에 보고 어떤 일을 해야 하는지 쉽게 파악할 수 있었다. 복잡한 공문을 여러 차례 읽어야 했던 시간이 줄어든 만큼 본연의 업무인 수업과 교육활동에 더 집중할 수 있게 되는 것이다.

공문 운영의 변화는 데이터로도 드러난다. 2025년에는 학교가 자체 생산한 공문이 전년도 대비 약 400건 감소했다. 같은 기간 전체 공문 양은 늘었지만, 실질적으로 학교가 직접 작성하는 문서가 줄어들면서 업무 부담이 완화된 셈이다. 또한 학교에 도착하는 공문 중 단순 게시물로 처리된 경우가 약 27%에 달했다. 학교에서 따로 업무 처리를 하지 않아도 되는 공문이 그만큼 많았다는 뜻이다.

물론 공문 숫자가 줄어든다고 해서 학교의 모든 업무 부담이 곧바로 사라지는 것은 아니다. 하지만 경기교육이 추진하고 있는 공문 개선 정책은 단순한 양적 감소가 아니라, 공문의 질적 향상과 명확한 업무 처리를 통해 학교 업무 환경을 실질적으로 개선하는 데 있었다.

학교 현장의 실질적인 업무 지원

학교는 분주한 현장 업무를 효율적으로 지원할 프로그램이 필요했다. 그동안 교사들은 필요한 프로그램을 개인 비용으로 직접 구매하고 있었다. 책정된 예산이 없었기 때문이다. 경기교육은 이러한 현장의 불편을 해결하기 위해 2024년부터 학교 현장에서 필요로 하는 각종 업무 지원 프로그램을 교육청이 구매하여 모든 학교에 무료로 제공하도록 했다. 개별 교사의 개인적 부담을 덜어줄 뿐만 아니라, 업무의 질과 효율성도 높이는 결과로 이어졌다. 교사들이 본연의 수업과 학생 관리 업무에 더욱 집중할 수 있게 된 것이다.

복잡한 급여 업무, 교육지원청에서 일괄 지급

학교 급여 업무는 복잡하다. 교육공무직원의 직종이 40여 개가 넘고, 근로 조건과 계약 조건이 모두 다르다. 개인마다 다른 주휴가 발생하고 급여 계산 방식도 달라지는 등 급여 산정도 상이하니 복무 및 급여 계산에 어려움이 따를 수밖에 없다.

경기교육은 이러한 현장의 어려움을 개선했다. 학교에서 지급하던 여러 직종의 급여를 교육청에서 일괄 편성하여 지급하는 방식으로 전환한 것이다. 2025년부터 본격 시행된 이 제도는 계속해서 확대되고 있다.

한편으로는 우려의 목소리도 있다. 교육지원청의 업무 부담이 늘어날 수 있다는 것이다. 이를 해소하기 위해 현재 경기교육은 나이스(NEIS)와 에듀파인 시스템을 효율적으로 연계하는 작업을 진행한다. 자동 계산된 급여 데이터가 수작업 없이 바로 전달될 수 있도록 시스템을 개선하고 있다.

본 정책은 학교 현장에서 업무의 어려움에 대한 요구 사항과 현장의 목소리를 반영하여 마련되었다. 앞으로도 지속적인 소통을 통해 교육 현장의 업무 환경 개선을 적극적으로 추진할 것이다.

교복, 학교 부담 덜고 선택은 자유

학생들이 활동하기 편한 간편복이나 체육복을 더 선호해도, 교복을 거의 입지 않아 아깝다는 생각이 들어도, 혹은 물려받은 교복이 있어 굳이 새로 구매할 필요가 없어도 선택의 여지는 없었다. 학교 입장에서도 복잡한 입찰 과정과 교복 구매 절차에 따른 업무 부담이 있었지만, 늘 해오던 방식이라는 이유로 그대로 이어져왔다.

이러한 상황에 대해 학부모와 학생들은 다양한 의견을 제기했다. "활동하기 좋은 간편한 옷을 원하는데, 추가로 사야 해서 경제적 부담이 크다"거나 "교복의 디자인이 너무 한정적이라 아이들이 개성과 창의성을 자유롭게 표현하기 어렵다", "몇 번 입지도 않는 정장형 교복에 비용을 쓰는 게 아깝다"라는 현실적인 목소리도 있었다.

경기교육은 이러한 학교 현장의 어려움과 학부모, 학생들의 의견에 깊이 공감했다. 그래서 학교의 업무 부담을 줄이고 학생과 학부모의 선택권을 최대한 존중할 수 있는 다양한 교복 운영 방식을 제안했다.

첫째는 교복을 전면 폐지하고 자유로운 복장으로 학교생활을 하는 것이다. 둘째는 유럽식 드레스 코드 방식으로 색상이나 기본적인 형태만 지정하여 자유롭게 선택할 수 있도록 하는 방법이다. 셋째는 학생과 학부모의 선호도가 높은 간편복 중심의 방안이다. 넷째는 정장형 교복이 포함된 꾸러미, 간편복으로만 구성된 꾸러미처럼 개인의 여건에 따라 선택할 수 있는 꾸러미를 제공하는 방식이다. 마지막으로 입학 후 학생과 학부모의 실제 수요를 확인하여 맞춤형으로 교복을 제공하는 방식이다.

현재 70개 학교가 이러한 운영 개선안을 선택하여 교육지원청의 컨설팅을 받고 있다. 특히 그중 3개 학교는 완전한 자유복장제 도입을 추진 중이어서 큰 주목을 받고 있다.

이러한 변화는 학생과 학부모가 자신의 선택과 개성을 존중받는 학교문화를 만들어가는 과정이라고 할 수 있다.

교실의 스마트단말기, 관리도 '스마트'하게 해결!

경기도교육청은 학생들의 디지털 역량 강화를 위해 '1인 1기기' 정책을 추진하고 있다. 현재 각급 학교에서는 학생들에게 스마트단말기를 배부하고 있으며, 해당 단말기는 학교 단위에서 체계적으로 관리하고 있다.

2022년 초 스마트단말기 보급 초기에는 교육지원청별로 조달청을 통해 최저가 입찰 방식으로 단말기를 구매했다. 이 과정에서 다양한 제조사가 참여하게 되었고, 일부 단말기의 경우 사후관리 체계가 충분히 구축되지 않아 학교 현장에서 어려움이 발생하기도 했다. 당시 일부 학교에서는 수리 지연으로 학생의 학습에 불편이 발생하거나, 교사의 단말기 관리 업무가 증가하는 등 문제가 발생했다.

이러한 초기 경험을 바탕으로, 2023년부터 스마트단말기 구매 및 관리 방식을 전면적으로 개편했다. 개별 교육지원청 단위의 구매에서 도교육청 주관의 통합 발주 방식으로 전환하고, 제품의 성능과 규격뿐 아니라 AS 및 유지 보수체계의 안정성을 계약 조건에 명확히 반영하고 있다. 이와 같은 조치로 단말기 고장 시 대응 속도를 높여 학생들의 불편이 줄어들었으며, 교사의 행정 부담도 경감되었다.

현재는 교육지원청별로 총 38개소의 AS 거점센터를 구축하여 스마트단말기 관리의 지역 밀착형 운영을 추진하고 있다. 고장 발생 시에는 거점센터를 통해 신속히 수리가 이루어진다. 또한, 수리 기간 동안 학생의 학습 공백을 방지하기 위해 약 2만 대의 예비단말기를 확보하여 즉시 대여하는 체계도 함께 운영 중이다.

향후에도 학교 현장과의 긴밀한 협력을 통해 혼란을 최소화하고, 학습권 보호와 단말기 활용의 안정성을 함께 도모해나갈 것이다.

"경기교육은 학교가 본연의 역할에 집중할 수 있도록 다양한 정책을 추진하고 있다."

*2025년 7월, 디지털 전문교원 아카데미 성과나눔 발표회

교권 침해, 교육을 흔드는 문제

교권은 반드시 보장되어야 한다. 아이들이 배우고 성장하는 학교에서 벌어진 교권 침해는 학생들의 학습권과 안전을 위협하는 문제로 이어질 수 있다.

"내 아이만 특별히 봐달라", "성적을 조정해달라", "내 아이는 늦게 와도 지도하지 말라", "훈육하지 말라"는 학부모의 요청부터 "아동학대로 신고하겠다", "교육청에 민원 넣겠다" 같은 협박성 발언까지. 교사는 위축될 수밖에 없게 된다. 학생들에 의한 교권 침해도 심각하다. 교사에게 욕설을 하거나 의도적인 수업 방해, 심지어 폭행과 모욕, 명예훼손까지 이어지고 있다. 교사가 폭력과 위협에 노출된 상황에서 온전한 교육이 이루어질 수 있을까?

교권이 무너질 때 가장 큰 피해자는 학생들이다. 교사는 학부모의 부당한 요구나 학생의 위협에 흔들리지 않고 원칙에 따라 교육할 수 있어야 한다. 그래야 아이들은 공정한 기준 속에서 배우고, 교실은 안전한 배움의 공간으로 유지된다. 교권 보장은 미래교육을 위한 가장 기본적인 약속이어야 한다.

예방이 먼저, 상호존중 학교문화

교권 침해에 대응하는 가장 확실한 길은 예방이다. 학생·학부모·교사가 서로 존중하고 배려하는 문화를 조성한다면, 학교를 넘어 대한민국 사회 갈등을 완화하는 큰 동력이 될 수 있다. 교권 역시 이러한 과정에서 자연스럽게 보호된다.

경기도교육청은 상호존중 학교문화를 만들기 위해 다양한 노력을 이어가고 있다. 교육공동체의 권리와 책임을 선언하는 조례를 제정하고, 권리와 책임위원회를 운영하여 갈등을 스스로 조정하도록 지원한다. 또 학교생활인성담당관 제도를 통해 현장의 문제를 공정하게 해결하며, 존중문화를 확산하기 위한 역량 강화 연수와 프로그램도 적극 추진하고 있다.

교사를 위한 든든한 보험, 학교안전공제회

　예방과 문화 정착에 더해서 직접 대응할 수 있는 장치가 필요하다. 경기도교육청 학교안전공제회에 교권 보호를 위한 새로운 역할을 맡겼다. 교통사고 시 처리 절차를 교육활동 침해 사안 발생 시 원용한 방식이라 할 수 있다. 교통사고가 발생했을 때 개인이 직접 나서지 않고 보험사가 변호사, 손해사정사 등을 대리인으로 내세워 대신 처리하듯, 학교안전공제회가 교사를 대리해 대응해준다.

　어려움에 처한 교사가 전담 콜센터 '안심콜 탁(1600-8787)'을 통해 요청하면 즉시 조치가 이루어진다. 전담 변호사가 초기 단계부터 무료 상담을 제공하고, 경찰 조사에도 동행한다. 보험 가입자가 사고 발생 시 전폭적인 지원을 받는 것과 같은 이치이다. 실제로 교사가 방향을 잡기 어려운 사건 초기 대응 과정에서 큰 힘이 되고 있다는 긍정적 반응이 많다.

　배상 책임을 지게 될 때도 보험처럼 변호사 선임 비용과 소송비를 대신 지급한다. 예컨대 유치원 아동이 다쳤을 경우, 학부모가 비급여 치료비나 향후 치료비, 정신적 위로금 등을 요구하면 손해사정사와 변호사가 나서서 합리적인 수준에서 조정한다. 필요할 경우 공제회가 실제 배상금도 지급한다.

교사들의 마음을 돌보는 안전망, 경기교권보호지원센터

경기교권보호지원센터는 교사들의 안전망이다. 경기교육은 전국 최초로 모든 교육지원청에 경기교권보호지원센터(교육활동 보호센터)를 설치했다. 2022년 3개에서 출발해 점진적으로 확대해 2024년 13개에 이어 2025년 25개 교육지원청에 모두 설치가 완료되었다. 이제 교사는 어느 지역에 있든 가까운 곳에서 즉시 지원받을 수 있게 되었다. 학교 현장에서 발생하는 갈등을 제도적으로 관리할 수 있게 된 것이다.

경기교육은 교사가 교육활동에 전념할 수 있도록 교권 보호를 체계화했다. 센터에서는 교권 침해에 대해 예방 - 대응 - 회복의 3단계로 진행한다. 예방 단계에서는 교육과 자료 보급, 컨설팅을 운영하고, 대응 단계에서는 긴급지원팀과 법률지원단이 현장을 지원한다. 이후 회복 단계에서는 심리상담, 치료비, 집단 회복 프로그램을 통해 교사가 다시 교단에 설 수 있도록 돕는다.

현재 87명의 장학사·주무관·상담사·변호사가 함께 활동하며, 교사는 여러 기관을 전전할 필요 없이 한 곳에서 법률·행정·심리 지원을 원스톱으로 받을 수 있다.

교사의 일상을 지켜주는 두 개의 창구

경기교육은 교사가 언제 어디서든 도움을 받을 수 있는 두 개의 창구를 마련했다. 하나는 전화로 연결되는 '안심콜 탁(1600-8787)'이고, 다른 하나는 온라인에서 마음을 돌볼 수 있는 '마음8787'이다. 이 두 제도는 교사의 어려움을 신속히 듣고, 실질적 지원으로 이어가는 장치다.

전화 한 통으로 연결되는 '안심콜 탁(1600-8787)':
교육활동 침해 피해교원 법률·행정·심리상담 원스톱 지원

안심콜 탁(1600-8787)은 교사가 의지할 수 있는 상담창구이다. 법률·행정·심리상담·보상까지 아우르는 지원 체계를 하나로 연결한다. 전화 한 통으로 상황을 끝까지 책임지는 구조는 교사들에게 안정감을 준다.

2025년 상반기 상담 건수는 1만 1,866건에 달했다. 그 가운데 2,025건은 직접 '탁'을 통해 처리되었고, 나머지는 각 지역센터가 후속 상담을 이어받았다. 상담 건수 증가는 교권 침해가 여전히 존재한다는 현실과 동시에, 교사들이 제도를 신뢰하며 적극적으로 활용하고 있다는 사실을 보여준다.

기록 걱정 없이 마음을 돌보는
교원 심리상담 플랫폼 '마음 8787'

교사들은 교권 침해로 어려움을 겪어도 심리상담, 특히 정신과 치료는 주저하는 경우가 많았다. '상담 기록이 남아 인사나 근무평가에 불이익이 되지는 않을까?' 하는 불안이 있었고, 정신건강과 관련된 상담은 낙인 효과를 우려해 꺼리는 분위기도 있었다.

그러나 교권 침해 사건은 교사의 마음에 큰 상처를 남기게 된다. 수업에 복귀하려면 심리적 회복이 전제되어야 하는데도 적절한 지원이 없으면 교사는 위축된 채로 교단에 서게 된다. 상담을 기피하는 문화를 바꾸고, 안심하고 지원받을 수 있는 환경이 마련되어야 했다.

이를 해결하기 위해 마련된 것이 심리상담 플랫폼 '마음 8787'이다. 교사는 로그인 절차 없이 온라인으로 심리검사와 초기 상담을 신청할 수 있고, 이후 필요하면 거주지 인근 상담센터에서 최대 10회의 심층 상담으로 이어진다. 또 교권보호공제사업은 법률 지원뿐 아니라 위로금, 물품 파손 보상, 경호 서비스까지 포함해 교사의 회복을 다층적으로 지원한다.

그 결과 2025년 상반기에는 초기상담 652명, 심리검사 2,200건이 이루어져 이미 2024년 전체 실적을 넘어섰다. 한 교사는 "마음 8787 덕분에 불이익 걱정 없이 상담을 신청할 수 있었다. 혼자가 아니라는 안도감이 들었다"고 전했다.

경기교육은 교사의 보호자 역할을 강화하고 있다. 법적 대응이 필요한 사안에는 교육청이 직접 나선다. 교사가 교권 침해를 당했을 때, 교육청은 교사를 대신해 형사고소를 진행한다. 고소장 접수와 변호사 선임 같은 부담스러운 절차를 모두 지원하여 교사를 보호한다.

절차는 단계적으로 진행된다. 교육지원청 교권보호위원회에서 교육활동 침해 여부를 판단하고, 중대한 사안으로 확인되면 경기도교육청 교권보호위원회에서 형사고발 여부를 최종 심의한다. 취임 이후 12건의 형사고발 요청이 접수되었고, 이 중 8건이 교육감 직권 형사고발로 이어져 2건은 실형까지 받았다. 앞으로도 교권 침해에 대해서는 실질적이고 엄정하게 대응할 것이다.

교권 보호는 곧 교육을 지키는 일

교권 보호는 교육의 본질을 지키는 일이다. 경기교육은 교권 보호를 특정 부서의 과제가 아닌 공동의 책무로 두고 있다. 11개 부서가 18개 과제를 추진하며, 학기마다 이행 상황을 점검한다. 위기 사안이 발생하면 여러 부서가 동시에 현장으로 나가 교사를 지원한다. 민원 대응팀과 민원 면담실 설치 역시 같은 맥락이다.

2025년 교권 침해 신고 건수는 전년보다 줄었다. 2024년 상반기 631건, 2025년 상반기 480건으로 24%가 감소한 것이다. 이는 상호존중 문화의 확산과 제도적 지원 덕분에 교사들이 혼자 고민하기보다 공적 체계를 활용해 문제를 해결하고 있음을 보여준다.

교사를 지키는 일이 곧 학생을 지키는 일이며, 이는 우리 사회의 미래를 지키는 일이기도 하다. 경기교육은 이 믿음을 바탕으로 교권 보호를 지속적으로 강화하고, 학교 안에서 교육의 본질이 온전히 살아 숨 쉴 수 있도록 최선을 다하고 있다.

"교권 보호는 교육의 본질을 지키는 일이다."

*2023년 7월, 현장 공감 프로그램 소통 토크
'교육활동 보호, 우리 모두를 위하여'

공교육 2섹터: 경기공유학교

- 원하는 배움이 多 되는, 세상에서 가장 큰 학교

　지금의 경기도 성남 분당 판교는 내가 태어나고 자란 곳이다. 당시 산과 들, 논과 밭이 이어지던 시골 마을은 자연이 교실이었고, 마을 사람들이 스승이었다. 필요한 것은 모두 마을 안에서 해결되었다.

　교장선생님을 지낸 분은 동네 훈장 역할을 해주셨다. 방학이면 아이들은 그 댁으로 가서 한자를 배웠다. 나도 마찬가지였다. 천자문과 고사성어, 역사에 관련된 이야기를 들려주셨는데, 그때의 배움이 이후 공부의 밑거름이 되었다. 관청에서 오래 일하시던 분은 동네분들의 행정사 역할로 민원을 도와주셨고, 모내기나 벼 베기 같은 일손이 필요한 일은 품앗이했다. 당시 대부분의 농촌에는 이러한 두레 형태의 공동체가 형성되어 있었다.

그 안에서 보육과 사교육, 컨설팅과 민원 대행, 관혼상제를 비롯한 대소사, 빈민층과 사회적 약자에 대한 지원까지 이루어졌다. 두레는 공동체가 함께 책임지고 돌보며 나누는 생활 방식이었다. 누구든 제 역할로 이웃을 돌보던 구조가 지금의 교육에서 다시 살아날 수 있다면 아이들의 배움은 훨씬 더 넓어질 것이다.

현역에서 물러나 은퇴 생활을 하는 분들 중 등산, 자전거, 스포츠센터에서 운동하며 자기관리만 하기에는 다소 아쉬움이 있어 보이는 분들이 많다. 아직 왕성한 활동을 하기에 전혀 어려움이 없는 이분들이 학생들에게 사회적 경험을 전하고 마을의 훈장이 되어주는 건 어떨까.

지역과 학교가 손잡고, 아이들에게 학교와 교과서 밖의 세상을 만나게 하는 일. 함께 배우고 함께 나누는 세상을 위해 '경기공유학교'를 시작하게 되었다.

학교를 넘어 공교육의 역할을 확장하는 '경기공유학교'

경기공유학교의 '공유'는 일반적인 의미를 담았다. 경제학에서 말하는 '공공재'와 '공동재'처럼 누구나 함께 나누고 활용할 수 있는 자원의 개념을 교육에 연결한 것이다. 이미 사회 전반에 자리 잡은 공유택시, 공유오피스 같은 모델을 참고해 학생들이 폭넓게 배우고 성장할 수 있는 교육 환경을 마련하고자 했다.

오랫동안 학교는 정해진 공간에 머물러 있었다. 교실, 교무실, 운동장에서 모든 교육활동이 이루어졌고, 교사와 학생은 그 안에서 필요한 자원을 스스로 해결해야 했다. 그러나 지식과 기술이 빠르게 발전하고 사회가 요구하는 역량이 다양해진 지금, 학교가 이를 모두 감당하기는 어렵다. 문을 열고, 자원을 연결하며, 역할을 나누는 일이 필요하다.

이제 대학 강의실이 수업 공간이 되고, 기업 연구소가 실험실로 변한다. 과학관, 미술관, 공연장 같은 전문 시설이 학생들에게 개방된다. 교육청을 비롯해 지자체, 기업, 공공기관, 시민단체까지 교육의 동반자로 참여한다. 이렇게 서로의 자원과 역량을 엮어 지역 전체가 하나의 거대한 학습망으로 확장되고 있다.

경기공유학교는 이러한 변화의 거점이다. 교실을 넘어, 지역사회 전반을 학습 공간으로 삼는다. 부족한 부분은 협력으로 채우고, 다양한 주체가 교육과정에 함께 참여한다. 지속가능한 운영을 위한 장기적인 지침이 마련되었고, 이를 토대로 교육청은 지역과의 연계를 체계적으로 추진 중이다.

도입 초기, 사람들은 물었다. "공유학교가 무엇입니까?" 각 지역은 그 의미를 이름에 더했다. 용인 '미르아이 공유학교', 성남 '성남다움 공유학교', 부천 '미래클 공유학교', 고양 '다잇다 공유학교', 남양주 '다산라이브 공유학교', 의정부 '올래 공유학교', 파주 '미파솔 공유학교', 안성 '안성맞춤 공유학교', 시흥 '시작부터 흥미진진 공유학교' 등 지역명과 의미 있는 단어를 결합해 고유한 정체성과 교육 비전을 드러냈다.

이름 덕분에 종종 배우 '공유'가 떠오른다는 이야기도 들린다. 그럴 때면 웃음이 난다. 배우 공유가 주는 친근함과 호감처럼 이 학교도 많은 사람에게 열려 있고 함께하고 싶은 공간이 되길 바라는 마음이다.

경기공유학교

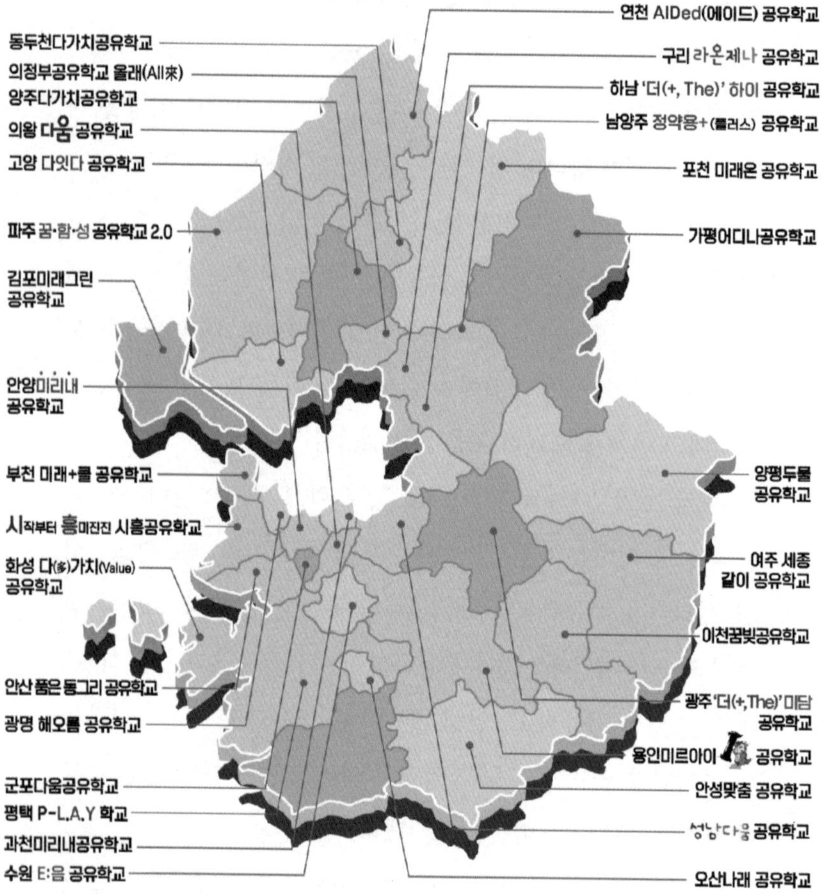

경기도 31개 각 지역의 정책과 비전을 담은
공유학교 이름들

경기교육, 세상에서 가장 큰 학교를 열다

경기공유학교는 지역과 함께 누구에게나 공평한 학습 기회를 제공하는 교육 생태계를 이루어가고 있다. 학생들에게 배움터는 학교를 넘어 더 넓은 공간으로 확장된다.

공유학교는 2023년 시범 운영을 거쳐 현재 경기도 전역 31개 지역 393개 거점 시설에서 운영되고 있다. 2024년에는 3,244개 프로그램이 진행되어 6만여 명이 넘는 학생이 참여했고, 2025년에는 7,215개 프로그램에 12만 6,371명의 학생이 함께했다.

참여의 폭은 넓다. 초등학교 3학년부터 고등학교 3학년까지가 대상이다. 방과후, 주말, 방학 등 학교 정규 수업 외 시간에 원하는 분야를 선택해 참여한다.

이 큰 공유학교를 움직이는 시스템은 기존 학교에 부담을 주지 않으면서 공교육의 책임성을 확고히 하고, 엄격한 프로그램의 질 관리를 위해 지역 교육청 책임하에 운영하는 체계를 갖추고 있다.

경기공유학교는 지자체, 국립기관, 대기업, 문화재단 등 폭넓은 파트너와 협력해 교육 자원을 지속적으로 확상하고 있디. SK, 삼성, CJ를 비롯해 국립수목원, 국립현대미술관, 국립발레단 등과의 연계는 공교육이 혼자서는 감당하기 어려운 영역을 보완하고, 사교육으로만 접근할 수 있었던 고품질 학습 기회를 무상 또는 저비용으로 제공한다.

이러한 협력 구조 속에서 학생들은 교과서에서 접하기 어려운 깊이 있는 배움을 경험한다. 문화예술, 과학기술, 생태환경, 인문학 등 각자의 흥미와 적성에 맞춘 분야를 선택해 수업을 받을 수 있다.

무엇보다 중요한 변화는 배움의 주도권이 학생에게 돌아온다는 것이다. 스스로 배우고 싶은 것을 고르고, 자신의 속도와 방식으로 탐구하는 과정에서 학생들은 자기주도성뿐 아니라 사회와 소통하는 힘을 기르게 된다.

경기공유학교는 이렇게 교육의 무대를 넓히고, 기회의 문턱을 낮추며, 모든 학생이 원하는 배움을 원하는 만큼 누릴 수 있도록 하는 지역교육 플랫폼이다. 이는 경기교육이 지향하는 '학교 밖까지 이어지는 공교육'의 실천이자, 교육 기회 확장의 진정한 의미이다.

학생들의 훌륭한 연주를 들으면서 전 참 행복했습니다. 여러분도 그러셨습니까?

2025년 8월, 공연장을 단숨에 축제의 장으로 만든 주인공은 바로 공유학교 학생들이었다. 토요일 오후, 김포 고촌아트홀에서 열린 제20회 평화음악회. 이 무대는 하버드 초청 강연에서도 소개했던, 지역과 연계한 공유학교의 우수 프로그램이었다.

"지휘자의 손짓에 따라 빠르고 리드미컬한 박자가 공연장을 메웠고, 음악과 박수가 하나가 되면서 〈라데츠키 행진곡〉은 더 힘차게 울려 퍼졌다."

무대에 빼곡히 앉은 학생들을 바라보며, 교육도 각자의 역량을 마음껏 펼칠 수 있는 빛나는 무대가 되어야 한다는 생각이 스쳤다. 곧 공연이 시작되었다. 첫 곡으로는 노르웨이 작곡가 에드바르트 그리그(Edvard Grieg)의 〈페르 귄트 모음곡 1번〉 'Morning Mood'가 잔잔히 흘렀다. 마치 해가 떠오르며 세상이 깨어나는 듯한 선율이 공연장을 감쌌고, 익숙한 클래식 멜로디들이 이어졌다.

시간이 갈수록 무대 중앙의 지휘자는 온몸으로 연주하는 듯, 그 에너지가 객석까지 그대로 전해지고 있었다. 그 곁에서 자신의 역할에 집중하며 최선을 다하는 학생들의 모습은 대견하고 자랑스러웠다. 당시 무대를 보고 있던 분들은 모두 같은 마음이었으리라. 연합 오케스트라의 마지막 연주는 특히 뭉클했고, 곧 관객의 힘찬 환호와 큰 박수 소리가 공연장을 가득 메웠다.

연주 내내 단원들과 지휘자는 눈빛과 호흡으로 긴밀한 신호들을 주고받으며 멋진 하모니를 빚어냈다. 그 장면은 교육과 훈련의 결실로, 참여와 협동이 개인의 성장과 사회 발전을 이끄는 원동력임을 여실히 보여주었다.

"학교를 넘어 공교육의 역할을 확장하는 경기공유학교는 누구에게나 공평한 학습 기회를 제공한다."

*2025년 8월, 김포 고촌아트홀 '제20회 평화음악회'

SK하이닉스, 미래 과학기술 인재를 키우는 '이천 반도체 공유학교'

세계 반도체 산업을 선도하는 기업이자 최근 대학생들이 가장 선호하는 기업 SK하이닉스가 과학 교육과정 개발에 함께했다. 경기도교육청은 이천시청과 SK하이닉스와 업무협약을 맺고 미래 인재 양성에 나섰다. 반도체는 4차 산업혁명 시대의 심장이라 할 만큼 국가 경제와 산업 경쟁력 강화에 핵심적인 역할을 하는 기술이다. SK하이닉스는 세계 최고 수준의 기술·시설·장비를 보유하고 있어 교육의 잠재력은 매우 크다고 할 수 있다.

이천 꿈빛공유학교의 '어린이 반도체 과학교실'은 그 시작이다. SK하이닉스 내부는 보안상 외부인 출입이 제한되지만, 해당 프로그램 진행일에는 특별히 개방하여 시설 견학 및 체험 기회를 제공했다. 연구원들이 직접 엔지니어 체험, 반도체 기초 지식, 기업 소개를 진행해주었다. 학생들은 한국세라믹기술원 이천분원에서 반도체 제조 공정을 직접 관찰할 기회를 가졌다. 방진복을 입고, 얇은 웨이퍼를 만져보고, 궁금한 것을 질문하는 아이들의 표정에 호기심이 가득했다.

수업이 끝날 무렵, 나와 이천시장, 교육지원청 교육장이 현장을 찾았다. 학생들을 격려하고 인사를 나누는 자리에서 한 학생이 갑자기 물었다. "교육감님은 어떤 일을 하시나요?" 무슨 말을 해야 할까 잠시 고민하는 사이 옆에 있던 김경희 시장님이 "여러

분이 배울 수 있도록 이런 공유학교를 만드는 분"이라고 답했다. 그날 아이들의 눈에 "공유학교를 만들어주는 사람"으로 비친 게 꽤 마음에 들었다.

지역특화 과학 교육은 AI 시대에 학생이 스스로 성장할 수 있도록 돕는 데 목적이 있다. 교실을 넘어 대학, 연구 기관, 기업과 연결하여 실제 과학 현장을 경험하게 하고 진로를 탐색할 수 있도록 돕는다. 앞으로 CJ, 카카오, 넥슨 등 대기업들의 참여가 이어질 예정이다. 학생들을 위한 기업들의 사회공헌 프로그램들이 반갑기만 하다.

2025년 5월, 세계로 도약하는 미래 반도체, SK하이닉스와 함께하는 과학 인재 성장 프로젝트

'**FunFun한 버디**'로 소환된 골프 영웅 박세리,
용인미르아이 공유학교 2.0 창작 뮤지컬

복합문화공간 '세리박 위드 용인'에서 용인미르아이 공유학교 2.0 창작 뮤지컬 〈FunFun한 버디〉 발표회가 열렸다. 객석은 발 디딜 틈 없이 꽉 찼고, 아이들의 열정만큼이나 학부모님들의 격려와 환호성도 컸다.

무대에 오른 용인 지역 초등학생들은 박세리 감독의 세계무대 도전기를 재구성해 노래하고 연기하며 흥미롭게 펼쳐냈다. 박세리 감독은 IMF 외환위기로 한국 전체가 어려웠던 1998년 US여자오픈에서 양말을 벗고 연못에 들어가는 '맨발 투혼'을 보여주며 우승까지 해낸 선수이다. 까맣게 탄 종아리와 대비된 하얀 발은 어려운 상황에도 포기하지 않는 한국인의 긍지를 상징했다. 그 장면이 한 세대의 기억으로 남았듯, 이날 아이들이 만든 무대도 그때의 감동을 옮겨놓은 듯했다.

이날 공유학교는 스포츠를 매개로 한 진로 탐색, 공연예술을 통한 협업과 표현, 지역 공간을 활용한 체험이 한자리에서 자연스럽게 연결된 자리였다.

무대에서 학생들은 골프라는 주제를 넘어 협력과 도전, 공연예술의 과정을 함께 경험한 것이다. 학생들의 꿈을 위해 한걸음에 달려와 자신의 경험을 나누고 응원해준 박세리 감독에게 고마움을 전한다.

*2025년 11월,
박세리와 함께하는 세리박 with 용인 패밀리 파-티(PAR-Tee)

경기공유학교가 키운 더 큰 성장

어느 날, 경기도교육청 국제교육원 글로컬 잉글리시 공유학교 담당자에게 날아온 문자 한 통. 받는 순간, 담당자의 눈이 동그래졌다. "대상? 세계 창의력 올림피아드에서??" 선생님들께 꼭 감사인사를 전하고 싶다며 보낸 이 소식은 담당자에게 그 무엇보다 큰 기쁨이고 보람이었다.

경기공유학교는 '공유'라는 이름처럼 누구에게나 열려 있는 공교육의 확장판이다. 학교 사정 때문에, 가정 형편 때문에, 혹은 마음의 어려움 때문에 원하는 과목을 배우지 못했던 학생들에게 동등한 기회를 보장한다. 다문화 학생도, 느린 학습자도, 정서적 지원이 필요한 학생도 각자 자신에게 맞는 수업을 선택할 수 있다.

성남의 한 학교 밖 청소년은 공유학교 오케스트라를 만나 음악으로 불안을 이겨내고 안양예술고등학교에 진학해 오케스트라 악장이 되었다. 태권도 품새훈련단에서 실력을 다진 학생은 청소년 국가대표 상비군에 선발되어 보스니아 국제오픈대회에서 우승을 차지하기도 했다. 또 군포의 한 학생은 철도차량 운전 탐구 프로그램을 통해 학교에서는 접하기 어려운 진로를 설계했고, 그 배움을 유네스코 경기공유학교 부스에서 당당히 발표하기도 했다.

경기공유학교의 학생들은 이렇게 다양한 프로그램 속에서 배우고, 도전하며, 성취를 경험하고 있다. 이러한 변화는 〈2024 유네스코 교육의 미래 국제포럼〉에서도 빛을 발했다. 포럼 첫날, 공유학교 학생들은 농악, 태권무, 창작 무용을 선보이며 한국 교육의 새로운 가능성을 세계에 알렸다.

공연의 대미는 세계적인 성악가 조수미 씨와 경기도 안양중앙초등학교 학생들 121명이 함께한 합창이었다. 조수미 씨는 "나 역시 공유학교에서 음악을 배웠다면 큰 도움이 되었을 것"이라며, 배움이 열려 있는 이 공간이 아이들의 꿈을 키우는 중요한 토대임을 강조했다.

이날의 무대는 학생 개개인이 자신의 배움을 세계에 보여준 자리였다. 학교 안팎의 경계를 허무는 배움, 그것이 바로 우리 아이들이 스스로 미래를 만드는 힘이다.

2024년 12월, 유네스코 국제포럼 개회식

*조수미 씨와 안양중앙초등학교 학생들의 합창 공연

학교 밖 교육을 학점으로 인정하는 '경기공유학교'

그동안 학교 밖 교육활동은 '체험' 정도로만 여겨졌다. 즐겁지만 학점으로 인정되지 않는 활동. 학생과 학부모 모두 "좋은 경험"이라 말하면서도 입시나 학업과 직접 연결되지 않는다는 이유로 적극적인 참여가 쉽지 않았다. 그러나 경기공유학교는 이러한 한계를 넘어 교육의 범위를 확장시키고 있다.

이제 지역의 대학교수, 예술가, 기업인 등 각계 전문가들이 '선생님'이 되어 현장에서 직접 가르친다. 학생들은 살아있는 지식과 경험을 배우고, 그 배움은 '학점'으로 기록된다. 학생의 학력과 진로 설계에 직접 연결되는 '현장 중심의 학습'이 되는 것이다.

학생에게는 선택권이 넓어졌다. 학생 개개인의 흥미와 진로, 학습 방식에 따라 원하는 프로그램을 선택할 수 있다. 사물인터넷, 인공지능 프로그래밍, 반려동물, 응용 메이크업, 패션디자인, 연기, 음악 프로듀싱 등 기존 학교에서는 쉽게 개설하기 어려운 다양한 과정이 준비되어 있다. 모두 방과후나 주말에 운영되면서도 학점으로 인정되는 '정식 수업'이다.

또한 반도체 공정, 첨단과학 분야처럼 더욱 전문적이고 심화된 과목도 가능하다. 양자역학에 관심 있는 고등학생이라면 기존 학교 교육과정에서는 맞춤 학습이 어렵지만, 공유학교에서는 대학 물리학 교수의 강의를 통해 깊이 있게 배울 수 있다. 학생은 원하는 분야를 깊게 파고드는 성취감을, 교수는 미래 전공자를 길러내는 보람을 느낀다고 한다.

학교는 교육과정 편성의 부담을 줄이고, 지역의 전문 기관과 협력하여 학생들에게 더 적합한 교육을 제공할 수 있게 되었다. 이제 학교와 지역은 미래 인재를 함께 길러내는 교육 생태계를 구축하게 되는 것이다.

수업 질 관리의 체계화, 학점 인정은 공교육의 확장

경기공유학교 초기에는 "학교 교육과정이 무너질 수 있다", "학교 밖 수업의 질을 어떻게 담보할 것인가?", "학교 교육과정과 연계가 가능하겠는가?" 등의 우려가 있었다. 경기공유학교는 이 모든 우려를 절차와 검증으로 풀어냈다. 과목 발굴 단계부터 교육과정 검토, 기관 선정, 파일럿 운영, 모니터링에 이르는 전 과정을 체계화하여 학교 밖 수업도 학교 안 수업만큼 신뢰를 확보하고 있다.

학점 인정은 공교육의 대체가 아니라 확장이다. 배움의 공간이 교실 밖으로 넓어졌을 뿐 그 목표와 책임은 여전히 공교육 안에 있다. 이러한 방식으로 학점 운영 과목은 확대될 예정이다.

경기공유학교, 더 넓은 배움의 지평을 향해

교육은 더 이상 '교과서 속'에만 머물지 않는다. 경기공유학교는 인문·예술·환경·진로·디지털 등 다양한 분야를 다루며, 학생이 지역 속에서 탐구하고 실천하는 존재로 성장하도록 돕는다. 이 과정에서 학생들은 기초역량, 사회정서 능력, 문제해결력을 자연스럽게 키우게 된다. 이는 경기미래교육이 지향하는 인재상과도 맞닿아 있다.

경기공유학교와 관련해 지금까지 소개한 내용은 사실 극히 일부에 불과하다. 도내 각 지역에서는 이 밖에도 예술·기술 융합 체험, 전문 직업군 현장실습, 지역 문화유산 계승 교육 등 수많은 프로그램이 활발히 진행되고 있다. 모든 과정은 학생 주도성, 지역사회 참여, 미래 역량 강화를 핵심 가치로 삼는다.

앞으로도 경기공유학교는 학교와 지역, 그리고 국내외 교육자원을 유기적으로 연결해나가고자 한다. 학생 개개인의 성장과 지역사회의 발전이 함께 이루어지는 지속가능한 교육 생태계를 확장해나갈 것이다.

"세상에서 가장 큰 학교 경기공유학교는 지역사회와의 협력으로 학생들을 위한 배움의 세상을 넓혀가고 있다."

*2024년 3월, 안성 일죽초등학교 개교 100주닌 기념 학교 방문

공교육 3섹터: 경기온라인학교

- 누구도 배움에서 소외되지 않도록

경기도는 지역 간 격차가 크다. 첨단 신도시, 농촌·어촌·산촌이 모두 공존하고 있어 '대한민국의 축소판'이라 불리기도 한다. 이렇게 학생들이 태어나고 자라는 환경이 서로 다르다 보니, 같은 공교육 안에서도 학습 환경에 차이가 발생할 수밖에 없다. 이 차이를 어떻게 극복할 것인가.

우리 공교육 안에서 모든 학생이 성장을 이룰 수 있도록 하는 것이 경기도교육감을 하면서 품었던 나의 꿈이었고, 공교육이 해야 할 책무라 믿고 있다.

1·2섹터를 넘어, 3섹터 경기온라인학교

경기도의 교육 격차에 대한 문제의식 속에서 공교육을 세 가지 섹터로 나누어 체계화했다. 학교(1섹터)는 기초와 기본을 책임지고, 공유학교(2섹터)는 학교에서 감당하기 어려운 부분을 지역과 협력해 보완한다. 그러나 학생들이 처한 여건은 모두 달라 여전히 사각지대가 남는다. 학교의 한계를 지역이 넘어서더라도 지역 간 편차는 존재했다.

이 한계를 극복하기 위해 설계한 것이 경기온라인학교(3섹터)다. 기존 교육이 채우지 못한 빈틈을 메우고, 지역의 한계를 넘어 모든 학생에게 동등한 학습 기회를 제공하는 중요한 축으로 자리 잡도록 하고자 한다.

교육 대상을 확장하는 경기온라인학교

경기온라인학교의 가장 큰 특징은 교육 대상의 확대다. 기존 공교육이 재학생 중심으로 운영되었다면, 경기온라인학교는 학교와 지역교육 여건이 열악한 학생, 학교 밖 청소년, 교육 소외계층, 다문화 학생, 나아가 해외 거주 학생까지 포괄한다. 이는 공교육의 책무를 한층 확장하려는 시도이다.

학교 밖 청소년의 경우, 2024년 12월 기준 경기도 학교밖청소년지원센터 등록 학생은 연간 11,245명에 이른다. 이들이 다시 학습의 장으로 복귀할 수 있도록 경기온라인학교는 의무교육 체제로 돌아가는 과정과 맞춤형 프로그램을 제공한다. 이는 공교육이 끝까지 학생을 포기하지 않겠다는 약속이기도 하다.

다문화 학생에게는 한국어 능력 부족으로 적응에 어려움을 겪는 경우를 돕기 위해 한국어 기초 과정을 개발해 온라인으로 제공한다. 특히 입국 전 단계부터 이수할 수 있어 낯선 환경에 보다 원활히 적응할 수 있도록 하고 있다.

해외에 있는 학생을 위해서는 국경을 초월한 공교육 모델을 지향한다. 해외 거주 학생들이 한국어 교육을 비롯한 다양한 학습 기회를 누릴 수 있다면, 경기교육이 글로벌 교육 자원으로 확장되는 계기가 될 것이다. 경기온라인학교의 대상 확대는 누구도 배움에서 소외되지 않도록 해야 하는 공교육의 책무성을 실현하는 과정이다.

미래교육을 향한 첫걸음, 경기온라인학교

온라인학교는 어떤 콘텐츠를 담느냐가 중요하다. 경기온라인학교의 주요 장점 중 하나는 교사가 직접 콘텐츠를 제작한다는 점이다. 교사는 강의뿐 아니라 대본 작성과 구성, 촬영까지 맡아 학생들에게 현장의 전문성이 녹아든 생생하고 실질적인 콘텐츠를 제공하게 된다.

교사의 전문적 참여와 현장의 의견 수렴을 기반으로, 현장과 소통하며 함께 만들어가는 미래형 교육 체제라는 점에서 의미가 크다고 할 수 있다.

경기온라인학교는 기본과 기초를 다루는 학교, 다양한 경험을 확장하는 공유학교에 이어 기존 체계에서 채우기 부족한 심화 학습의 기회를 제공한다. 공교육의 지평을 넓히는 것이다.

이 심화 학습은 공교육의 표준을 상향평준화하는 역할을 할 수 있다. 학생들이 학원에서 채워온 심화 학습의 필요를 공교육이 직접 담당하는 것이다. 특히 국어·영어·수학 등 기초 교과의 심화 과정을 공교육 안에서 안정적으로 제공하는 것은 학습 격차 해소와 교육의 질 제고를 위해 필요한 과제이다. 학원에서 제공하는 것이 주로 문제 풀이 기술이라면, 경기온라인학교는 최고의 교사와 전문가가 진행하는 깊이 있는 명강의를 제공할 수 있다.

온라인 학습이라는 체계는 특목고나 자사고 진학 여부와 관계없이 모든 학생에게 고급 학습 기회를 보장할 수 있다. 더 나아가 해외에서 한국어를 배우려는 학생들에게 확장된다면, 국내를 넘어 글로벌 교육 자원으로 자리 잡을 수 있을 것이다.

이 과정은 학생에게만 의미 있는 것이 아니다. 교사들도 다양한 강의 사례를 접하면서 수업 방식을 개선하고, 개념·사고력 중심의 수업을 새롭게 시도할 수 있다. 필요하다면 외부 전문가와 협력해 콘텐츠를 확충할 수도 있다.

결국 중요한 것은 학생들에게 실제로 도움이 되는 깊이 있는 학습의 장으로 확고히 자리매김하는 것이다. 그동안 시범 운영을 통해 높은 수요와 가능성이 이미 확인되었다.

경기온라인학교의 미래는 대상 확대, 심화 학습, 교사 주도의 콘텐츠 제작, 학습자 참여형 운영, 본 플랫폼 구축을 통해 더 발전할 것이다. 이러한 과정이 축적된다면, 경기교육은 지역 간 격차를 넘어 모든 학생에게 동등한 배움의 기회를 보장하는 미래 교육으로 자리 잡게 될 것이다.

"경기온라인학교는 기존 교육이 채우지 못한 빈틈을 메우고, 지역의 한계를 넘어 모든 학생에게 동등한 학습 기회를 제공할 것이다."

*2023년 10월, 고양 오마초등학교 수업 참관

Part V

IM_Possible Future

임태희라서 가능한
미래교육

교육감으로서의 사명
"대한민국 대학입시 개혁",
깃발을 들다

"교육감님 하면 가장 먼저 떠오르는 건 '대학입시 개혁'입니다. 전국의 교육감 중 이렇게 구체적이고 강력한 개혁안을 추진한 사례는 아마 교육감님이 처음이 아닐까 생각됩니다."

얼마 전 교육 전문지 《에듀플러스》의 기자가 인터뷰 중 건넨 말이다. 내가 교육감으로서 가장 중요하게 생각하는 과제를 묻는다면, 그것은 바로 '입시 개혁'이다.

입시 개혁, 왜 필요한가?

대학입시는 대한민국 모든 교육 문제의 중심에 있다. 입시로 인한 과도한 경쟁과 서열화는 학생들의 다양한 잠재력과 창의력을 키우기 어렵게 만들었다. 급변하는 디지털 시대는 학생들에게 미래 역량을 요구하고 있지만, 현재의 입시제도는 시대의 흐름을 따라가지 못하고 과거의 방식에 머물러 있다.

입시 개혁의 필요성은 과거부터 끊임없이 제기되어왔다. 수많은 교육 전문가들이 다양한 대안을 제시했지만, 근본적이고 실질적인 변화는 어려웠다. 교육 분야 중에서도 가장 민감하고 복잡한 영역이고, 수능, 내신, 학생부, 정시와 수시 등 제도 전반이 얽혀 있기 때문이다. 또한 대학, 고등학교, 교사, 학부모, 학생 모두의 이해관계와 직접적으로 연결되어 있어 구체적인 접근조차 쉽지 않았다.

그럼에도 이 문제를 해결하려는 이유는 분명하다. 유·초·중·고 교육의 현장에서 발생하는 대부분의 문제가 결국 대학입시와 연결되어 있다. 아무리 좋은 정책을 펼쳐도 대학입시 앞에서는 물거품이 된다. 세계 어느 나라를 가도 대한민국의 유·초·중 교육 정책은 세계적 수준으로 손색이 없지만, 대학입시라는 벽 앞에서 무너지는 것이 현실임을 직시해야 한다.

입시 경쟁이 과열되면서 학교는 지식 전달이나 창의성 함양보다 정답 맞히기에 집중된 평가 방식으로 운영되었고, 사교육

비는 계속해서 역대 최고를 갱신하며 심각한 사회적 문제로 자리 잡았다. 이러한 현실은 저출산 문제를 더욱 심화시키고, 교육 격차가 확대되는 악순환을 초래하고 있다.

입시를 바꾸는 일이 결코 쉬운 일은 아니다. 하지만 지금 대학입시 개혁은 시대적 요구이다. 이 문제를 풀어야 교육이 바뀌고, 교육이 바뀌어야 대한민국의 미래가 밝아질 테니 말이다. 대한민국의 교육감으로서 각오를 밝힌 이상, 제대로 끝까지 가볼 생각이다.

2025년 경기교육의 대학입시 개혁 추진 과정

- 미래 대학입시 개혁을 위한 한국대학교육협의회 실무자 간담회(3. 25.)
- 전국 시도교육감협의회 교육의제 토의안건, 대입개혁(안) 발표 및 협의(3. 27.)
- 한국대학교육협의회 이사회, 대입개혁(안) 발표 및 협력방안 협의(4. 2.)
- 전국 시도교육청 대입업무 담당자(장학관, 장학사) 협의회(4 .7.)
- 하이러닝 AI 서·논술형 평가 시스템 시연회(6. 18.)

• IB 교육학회, 경기도교육감 미래 대학입시 개혁 방안 발표
  (6. 21.)
• 경기미래교육과정 연속포럼(4차, 교육의 본질을 회복하다)
  (6. 24.)
• 경기형 논술형 평가 문항 및 루브릭 개발(6. 30.)
• 하이러닝 AI 서·논술형 평가 시스템 상용화(7. 1.)
• 2025 디지털 전문교원 아카데미 성과나눔 발표회(7. 2.)

입시 개혁을 추진하면서 학생, 학부모, 교사, 교원단체, 입시 관계자 등 많은 분과 소통하며 현장의 의견을 들었다. 이 과정에서 현 대학입시의 문제점과 개선 필요성이 더욱 여실히 드러났고, 더 많은 공감과 협력을 얻게 되었다.

'임태희표'라고 하는 '2032 대입 개혁안', 어떤 내용인가?

경기교육의 개혁안은 학생의 성장과 역량 중심 평가로 전환하고, 공정하고 신뢰할 수 있는 평가 시스템을 마련하는 데 초점을 맞추었다. 지금까지 논의되었던 주요 내용들은 다음과 같다.

가장 먼저 제안된 방안은 내신 평가의 절대평가 전환이다. 모

든 과목에 대해 5단계 절대평가(성취 평가제)를 도입하는 방안이다. 상대평가를 폐지해 학생들 간 지나친 경쟁을 해소하고, 각 학생이 얼마나 성장했는지에 중점을 둔 평가로 바꾸자는 것이다.

두 번째로는 내신 평가에서 서·논술형 평가 비중을 확대하는 방안이다. 학생들이 스스로 생각하고 문제를 해결할 수 있는 창의적인 능력을 기르기 위해 서·논술형 평가를 점차 늘려가자는 취지다.

특히 2032년을 목표 시기로 정한 이유는 정부가 발표한 2028년 대입 제도 개편 이후 학생과 교사가 새로운 평가 방식에 충분히 적응할 시간을 주기 위함이다. 또한, 학령인구 감소 시기와 맞물려 정책 추진이 보다 안정적으로 이루어질 수 있다는 현실적인 판단도 있었다.

학교생활기록부의 기록 방식 개선도 중요한 논의 사항이다. 기록 방식을 체크리스트 방식으로 개선하여 일관성과 객관성을 높이고자 한다. 이를 통해 교사 간, 학교 간 평가 차이를 줄이고 공정성과 신뢰성을 확보할 수 있을 것이다. 아울러 학생 개개인의 역량과 성장을 중심으로 하는 '성장 기록표'를 도입하여 학생들이 자신의 강점과 보완해야 할 점을 명확히 파악하고, 교사의 구체적인 피드백을 통해 꾸준히 발전할 수 있도록 하는 방안도 논의 중이다.

수능시험 개편도 중요하게 논의되고 있다. 내신 평가 개선에 발맞추어 2032학년도부터 모든 과목을 절대평가로 전환하고,

서·논술형 평가를 도입하여 학생의 융합적 사고와 창의력을 평가하는 방향을 검토하고 있다. 지금의 상대평가 방식은 학생들을 지나친 경쟁으로 몰아넣고, 사교육과 재수생 문제를 악화시킨다는 지적을 받아왔다. 절대평가를 통해 수능을 자격시험처럼 운영하고, 학생들이 학교 수업에서 쌓은 역량을 평가할 수 있도록 할 계획이다. AI 기반의 채점 시스템과 전문 평가 인력을 활용하여 평가의 공정성과 신뢰성을 확보하려는 계획도 함께 논의되고 있다.

수능 영어 듣기평가 폐지도 필요하다. 영어 듣기는 언어 교육의 본질을 지나치게 단순화하는 평가일 뿐이다. 언어능력은 정보를 통합하고 맥락을 이해하며 의도 해석까지 포함하는 개념이지만, 수능 듣기는 짧은 음성에서 단편적인 정보 찾기에 치중하고 있다. 결과적으로 영어를 배우는 게 아니라 특정 유형을 푸는 기술만 연습하게 된다. 또한 음향 장비, 방송시설 차이 등으로 인한 민원과 사회적 고비용이 발생하게 된다. 국가시험에 불완전 요소가 존재하는 것은 정책적으로 부적절하다. 수능 영어 듣기평가를 폐지하는 것은 듣기 능력을 경시하는 것이 아니다. 오히려 학교 수업을 통해 종합적 소통 능력을 충분히 키울 수 있도록 지원하고자 하는 것이다.

이 밖에도 복잡한 수시와 정시 전형을 통합하고, 학생이 수능 성적과 내신, 학교생활기록부를 종합적으로 판단하여 대학을 지원하는 방안이 논의되고 있다. 또한, 고등학교 3학년 2학기 성적을 대학입시에 반영하거나 수능시험을 9월로 앞당기는 등 학생들이 충분한 준비를 통해 안정된 대학 진학 계획을 세울 수 있도록 하는 다양한 방안이 제안되고 있다.

이 모든 제안은 현재 논의 중인 내용이며, 앞으로 더 많은 의견 수렴과 협의를 거쳐 최종 결정될 것이다. 2026년 초에는 '미래 대입개혁 4자 실무협의체'(국가교육위원회, 교육부, 대한민국교육감협의회, 한국대학교육협의회)를 제안해 협의를 추진하고 있다.

앞으로도 수많은 학생들의 미래를 책임지고 있는 교육감으로서 학생들이 각자의 재능을 발견하고 행복하게 성장할 수 있도록 모든 노력을 다할 것이다.

"대학입시는 대한민국 모든 교육 문제의 중심에 있다. 이 문제
를 풀어야 교육이 바뀌고, 교육이 바뀌어야 대한민국의 미래가
밝아질 것이나."

*2025년 1월, 대학입시 개혁안 기자회견

대학입시 개혁, 대한민국 교육의 새로운 미래를 열다

대학입시 개혁은 대한민국 교육의 새로운 미래를 여는 중요한 전환점이다. 지금 우리가 추진하는 입시 개혁은 단순히 평가 방법의 개선이나 시험 형식을 변경하는 것이 아니다. 미래사회가 요구하는 인재를 키워내기 위한 교육 체제의 근본적 혁신이다.

입시 개혁을 추진하면서, 나는 이 과제가 단지 교육 영역에 국한된 문제가 아니라 우리 사회 전체의 변화를 이끄는 시대적 소명임을 매 순간 느끼고 있다. 현장의 다양한 목소리를 듣고 치열하게 논의하는 과정에서 경기교육이 지향하는 입시 개혁 방향이 옳다고 거듭 확신할 수 있었다.

대학입시 개혁은 더 나은 사회를 위한 가장 현실적이고 실천적인 출발점이다. 대학입시를 바꿔야 대한민국의 미래를 바꿀 수 있다. 이보다 더 중요하고 절실한 시대 과제가 있을까? 어느 언론인은 "대학입시를 바꾼다는 것은 대한민국 전체를 바꾸는 것"이라며 "총성 없는 혁명"이라고까지 표현했다. 총성 없는 혁명이라 더욱 어렵고, 더욱 절실한 싸움이라는 의미였다.

물론 앞으로 극복해야 할 현실적 장벽과 해결해야 할 과제가 적지 않다. 그러나 분명한 사실은 교육이 바뀌지 않고서는 사회의 근본적인 변화도 이룰 수 없다는 것이다.

이제 우리가 준비한 작은 변화가 대한민국 교육의 큰 미래를 열 수 있도록 학생과 학부모, 교사와 대학, 나아가 모든 국민이 함께 마음을 모아 적극적으로 함께해주시기를 소망한다. 모두가 꿈꾸는 새로운 교육, 그 미래를 열기 위한 위대한 여정을 함께 시작할 때다.

2025년 3월 27일, 전국시도교육감협의회

"이 자리에 계신 모든 교육감님께서는 각자의 교육철학을 가지고 대한민국 미래교육을 위한 정책과 개혁 방안들을 추진하고 계십니다. 하지만 그 모든 노력이 대학입시 앞에서는 다 물거품이 되고 있습니다. 현장의 역량은 충분합니다. 이제 대입 개혁의 핵심인 공정한 평가 체제를 구축하고 제도화하는 노력이 필요합니다. 경기교육이 앞장서겠습니다."

경기교육의 대입 개혁방안이 발표된 이후 이어진 나의 발언에 회의장에는 일제히 공감대가 형성되었다. 전국 시·도 교육감들은 경기교육의 구체적인 방향과 의지에 전폭적인 지지를 보내주었다. 오랜 시간 해결하지 못했던 교육 현안에 대한 현실적이고 책임 있는 접근이라는 평가가 이어졌다. 한 교육감은 "40여 년 교육자로 살아왔지만, 오늘이 가장 보람되고 의미 있는 날"임을 언급하며 대입 개혁을 위한 경기교육의 노력을 높이 평가했다.

대입 제도 개편에 있어서는 진보, 보수가 거의 하나 된 입장을 보였다. 대학입시에 대한 현장의 고민이 절실했다는 점을 느낄 수 있었다. 이 문제에 대해 대안을 찾고, 대학을 설득하고, 제도화하려는 노력을 하고, 안 되면 투쟁이라도 했어야 했다. 하지만 그런 통합된 노력이 없었던 그간의 상황을 보며, 나는 이 문제에 정면 도전해야겠다는 결심을 굳히게 되었다.

"대한민국의 교육이 더 이상 입시라는 틀에 갇히지 않도록, 아이들이 더 이상 점수 하나로 정의되지 않도록, 학생들이 서열이 아니라 진정한 성장으로 평가받을 수 있도록 대입 제도를 근본적으로 바꾸는 일. 그것이 곧 대한민국의 미래를 다시 설계하는 일이다."

"대학입시 개혁은 대한민국 교육의 새로운 미래를 여는 중요한
전환점이다."

*2024년 9월, 대학입시 개혁 현안연구 결과 발표 및 TF 협의회

'수능지옥' 넘어 '수행지옥', 이제는 달라져야 한다

얼마만의 만남인가.

2009년, 노동부 장관 시절이었다.

당시 리먼 브라더스 파산 사태로 전 세계가 경제위기였고, 우리나라도 심각한 경제 침체와 실업난을 겪고 있었다. 특히 대학을 졸업한 청년들은 일자리를 구하기 어려워 막막한 상황이었다. 나는 장관으로서 이 청년들에게 새로운 기회를 열어주기 위해 〈소셜벤처경연대회〉를 개최해 우수한 사회적 기업가를 발굴하고자 했다.

그 첫 대회에서 대상을 받은 청년이 바로 강성태 대표였다. 지금은 교육 분야에서 잘 알려진 '공신닷컴'의 대표이다. 그가 내

사무실에 방문한다고 했을 때, 나는 특별하고 반가운 만남이 기다려졌다. 최근 수행평가 문제로 사회적 관심을 불러일으킨 터라 그와 나눌 대화도 기대가 되었다.

사무실에 들어온 강 대표는 밝은 얼굴로 인사를 건넸다.

"교육감님 덕분에 그때 대상을 받아 창업할 수 있었고, 지금까지 이렇게 이어올 수 있었습니다. 아마 그때 기회를 얻지 못했다면 교육사업은 시작하지 못했을 겁니다."

그 순간 시간이 멈춘 듯, 시상식 하던 때의 기억이 떠올랐다. 저소득층 학생들을 위해 학습 멘토링을 하겠다던 그였다. 오랜 시간 한결같이 교육 분야에서 고민하고 노력해온 모습이 대견하고 자랑스러웠다. 그래서였을까. 나도 모르게 "장하다"라는 말이 툭 튀어나왔다. 하지만 강 대표는 곧 아직 해결되지 못한 교육 현실에 대한 안타까움을 전해왔다.

그렇게 우리는 자연스럽게 교육 이야기를 시작했다. 내용은 시급히 해결해야 할 현실적 문제들이었다. 그가 교육 현장에서 보고 겪는 어려움과 내가 생각하는 교육개혁의 방향까지, 깊이 있는 대화가 이어졌다.

최근 강 대표가 유튜브에 올린 "수행평가 폐지 청원" 영상이 학생과 학부모, 교사들 사이에서 큰 이슈가 되었다. 강 대표는 2천여 개 이상의 댓글로 쏟아지는 "한 학기 수행평가가 50개 이상", "평균 수면시간이 고작 4~6시간", "수행평가 대행업체 등장" 등의 내용을 전하며 그 문제점들을 속속들이 밝혔다. 특히 "이 나라에서는 아이를 낳으면 안 되겠다"라는 댓글은 교육 현실이 얼마나 심각한지를 단적으로 드러내는 표현이었다.

영상은 단숨에 '좋아요' 8천 개 이상의 공감을 얻었고, 청와대 국민청원 참여 인원도 4만 7천여 명에 이르는 등 사회적 공감대를 형성했다. 언론 역시 "수능지옥 대신 수행지옥", "학생이 좀비가 된다"라는 표현까지 쓰며 이 문제의 중요성을 집중적으로 보도했다. 경기교육 SNS 채널에 올라온 수행평가 관련 의견도 1,400여 개에 달했다.

경기교육은 이러한 사회적 관심과 우려 속에서 현장의 목소리를 적극적으로 수렴하기 위해 바로 정책 토론회를 준비했다. 합리적인 의견들을 즉각 받아들여 현실에 맞는 변화를 만들고자 펼친 장이었다.

"수행평가는 학생의 성장을 발견하고 배움의 과정을 기록하는 평가여야 한다. 학생에게 과도한 부담이 되는 구조는 반드시 개선해야 할 과제이다."

*2025년 7월, 경기도교육청을 방문한 강성태 대표

수행평가 개선의 출발점,
토론회에서 현장의 목소리를 듣다

2025년 7월 21일, 학생과 학부모, 교사 및 교육전문가 등 약 200명이 참석한 가운데 수행평가의 현안을 논의하는 온·오프라인 정책 토론회가 열렸다. 경기교육은 그동안 현장의 의견을 듣기 위한 여러 소통의 자리를 꾸준히 마련해왔지만, 이번에는 사회적으로 관심이 집중된 수행평가 문제를 보다 구체적으로 다루고자 했다. 한 회에 그치는 형식적 행사로 끝나서는 안 된다고 생각했다. 두 번이고 세 번이고 현장의 목소리를 듣고 실질적인 개선 방안을 도출할 때까지 지속적인 논의를 이어가겠다는 의지를 갖고 준비한 자리였다.

포천에서 수원까지 2시간 반을 달려온 학생부터 교사, 학부모님들이 자리를 가득 메웠다. 수행평가에 대한 관심도가 현장에서 그대로 느껴졌다. 토론회가 시작되자마자 참석자들은 가장 먼저 수행평가의 과도한 부담과 스트레스 문제를 제기했다. 특히 과목마다 너무 많은 횟수로 치러지는 수행평가와 지필평가의 중복으로 학생들의 피로도가 높고, 평가 본연의 목적이 사라지고 있다는 목소리가 나왔다. 더욱이 교과 특성을 제대로 반영하지 못한 평가 방식 때문에 수행평가가 학교생활기록부 기록을 위한 형식적인 평가로 전락하고, 모호한 채점 기준으로 평가 공정성에 대한 논란이 빈번하다는 지적도 나왔다.

현장의 교사들은 수행평가의 자율성과 전문성이 지침에 막혀 있고, 평가 과정에 가정과 사교육이 개입될 여지가 크다는 우려도 전했다. 또한 수행평가를 운영하면서 행정 업무가 과도하고, 지역 간, 학교 간 격차 문제 역시 점점 심각해지고 있다고 지적했다.

참가자들은 이러한 복합적인 문제들을 해소하기 위한 다양한 의견을 제시했다. 우선 수행평가와 논술형 평가의 반영 비율을 조정해 학생의 부담을 줄이고, 교과 특성을 반영한 평가 설계와 운영이 가능하도록 교사에게 더 많은 자율권과 전문성 부여를 제안했다. 교사 평가역량 강화를 위해 충분한 연수와 지원이 필요하다는 의견도 나왔다. 하이러닝을 적극 활용하여 평가 업무의 효율성을 높이고, 행정 업무 부담을 덜어주는 방향으로 평가 방식을 개선하자는 주장도 공감을 얻었다. 프로젝트 활동이나 교과 간 융합활동과 연계한 평가 방식의 활성화도 제안됐다.

이날의 토론을 통해 참가자들은 수행평가의 문제점이 대학입시와도 밀접히 연결되어 있다는 데 인식을 같이했다. 입시제도의 근본적인 변화 없이 수행평가의 개선만으로는 한계가 있다는 공감대였다. 평가의 공정성과 신뢰성을 높이려면 내학입시 제도의 개혁이 수반되어야 한다는 것이었다.

"교육의 중심은 언제나 학생이다. 한 번의 실패가 오랜 상처로 남지 않도록, 평가는 아이의 가능성을 꺾지 않는 방향이어야 한다."

*2025년 7월, 3시간 넘게 진행된 수행평가 토론회

수행평가 설문조사, 교사·학생·학부모 58,100명의 생각

경기교육은 수행평가 개선을 위해 현장의 목소리를 정확하게 반영하고자 온라인 설문조사를 실시했다. 2025년 7월 15일부터 22일까지 중등교사 7,140명, 학생 27,539명, 학부모 23,421명, 총 58,100명을 대상으로 수행평가의 반영 비율, 시행 횟수, 평가 방식에 대한 구체적인 의견을 모았다.

설문 결과, 수행평가 반영 비율에 대해 학생들이 가장 높은 비율인 '40% 이상'을 선호한다는 비율이 52.0%로 나타났다. 수행평가로 인해 학생들의 부담과 스트레스가 높으니 오히려 평가 비율을 낮추거나 폐지하는 선택을 할 것으로 예상했는데, 결과는 오히려 정반대였다. 학생들은 단순 암기 위주의 지필평가보다는 자신들의 창의력과 다양한 역량을 발휘할 수 있는 수행평가 방식을 더 선호하고 있었다. 이는 학생들이 수행평가 본연의 목적을 분명히 이해하고 있다는 점에서 매우 긍정적인 신호였다.

수행평가의 시행 횟수에 대한 학부모들의 의견은 확실했다. 학부모의 대다수가 수행평가를 한 학기에 과목별로 1회(42.5%) 또는 2회(41.6%) 수준으로 축소하여 학생의 부담을 줄이길 희망했다. 이는 학생들이 다양한 역량을 펼칠 수 있는 기회를 제공하면서도 부담을 최소화하는 합리적인 방안이 무엇인지 고민할 때 반드시 고려해야 할 의견이라고 생각했다.

운영과 실천 측면에서는 교사들이 교과의 특성을 보다 잘 반영할 수 있도록 평가의 자율성을 확대하는 것이 중요하다고 응답했다(38.8%). 학생들은 특히 논술형 평가(27.4%), 실험 및 탐구(23.4%), 포트폴리오(20.1%) 같은 유형에 적극적으로 참여하고 있다고 밝혔다. 학부모들은 수행평가의 횟수와 비율을 합리적으로 조정할 필요가 있다고 했으며(33.9%), 과제형 및 암기 중심의 수행평가를 줄이고(25.2%), 평가 이후 피드백을 강화(19.7%)하여 학생들이 평가를 통해 진정한 성장을 이루도록 해야 한다고 강조했다.

지원과 환경 측면에서도 교사들은 구체적인 요구를 제시했다. 교사들은 수행평가 우수 사례와 자료 공유 체계 구축이 가장 필요하다고 보았으며(37.5%), 학부모를 위한 평가 관련 연수(16.7%), 교과연구회 및 협의체 지원(13.1%)을 통해 평가의 전문성을 신장하고 현장에서의 실천력을 높여야 한다고 했다.

이처럼 현장에서 학생과 교사, 학부모들이 제시한 소중한 의견들은 수행평가의 본래 목적과 의미를 회복하는 데 사용하고자 한다.

수행평가, 대학입시 개혁이 관건이다

토론회는 예정된 시간을 지나 3시간이 넘게 진행되었다. 나는 처음부터 끝까지 모든 의견을 경청했고, 토론이 끝난 후 메모

해두었던 내용들을 최대한 정책에 반영하고자 노력했다.

이날 많은 의견이 오갔지만, 대부분 참석자들이 수행평가를 폐지할 것이 아니라 제도를 개선해야 한다는 데 공감했다. 특히 학생과 교사, 학부모 모두가 수행평가를 더 이상 부담과 스트레스가 아닌 학생의 성장을 도와주는 의미 있는 과정으로 받아들일 수 있도록 변화가 필요하다는 의견이 주를 이루었다.

그러나 한편으로는 현장에서 수행평가에 대한 불만과 회의감이 여전하다는 것도 확인할 수 있었다. 특히 평가 공정성 문제가 계속해서 민감한 사안으로 떠오르는 이유도 결국 대학입시와 직접적으로 연결되어 있다. 학생들은 수행평가 하나하나의 결과가 대학 진학과 직결되어 있기 때문에 평가의 공정성과 객관성에 민감할 수밖에 없다. 공정성 문제를 해소하려면 평가를 단순히 성적을 매기는 수단으로 여길 것이 아니라, 학생들의 성장과 학습에 대한 진단과 처방의 관점에서 접근해야 한다고 생각한다.

학생들이 수행평가에 부담을 느끼는 가장 큰 원인은 결국 대학입시 제도 때문이다. 대입 제도의 근본적인 변화 없이는 학교 차원의 노력만으로 이 문제를 해결하기 어렵다는 것을 다시 한 번 확인한 자리였다. 우리가 직면한 교육 문제의 핵심에는 항상 대입 제도가 있다. 평가의 본질을 회복하고, 수행평가가 제대로 정착하기 위해서는 반드시 대학입시 제도의 변화가 선행되어야 한다.

경기교육, 모두의 문제를 속 시원히 해결할 수 있도록

경기도교육청은 학생들의 평가 부담을 줄이고, 학교와 교사의 평가 자율성을 높이기 위해 수행평가를 재구조화하고 현장 중심의 유연한 평가 운영을 추진할 계획이다.

특히 2026학년도 중학교 1학년부터는 지필평가에서 서·논술형 평가 비중을 단계적으로 확대하고, AI 기반의 서·논술형 평가 시스템을 활용하여 평가의 신뢰성과 공정성을 높이고자 한다. 이를 통해 학생들은 자신의 학습 수준에 맞춘 구체적이고 실질적인 피드백을 받을 수 있고, 교사는 채점 부담을 덜어 수업과 학생 지도에 더 집중할 수 있게 된다.

또한 하이러닝 플랫폼 등 디지털 인프라를 적극적으로 활용하여 평가의 질을 높이고, 교원의 평가 전문성을 강화하기 위한 연수와 협력 체계를 구축한다. 경기교육은 공정하고 신뢰받는 평가관리 체제를 통해 학생 개개인이 실질적인 성장을 경험할 수 있도록 최선을 다할 것이다.

"평가의 본질을 회복하고, 수행평가가 제대로 정착하기 위해서
는 반드시 대학입시 제도의 변화가 선행되어야 한다."

*2025년 8월, 수행평가 현장 의견 수렴 2차 토론회

미래형 과학고,
대한민국의 내일을 설계하다

국가의 미래는 사람이다. 언제나 시대를 이끄는 주체는 인재였다. 인류 문명을 되돌아보면 르네상스를 꽃피운 건 예술가와 사상가였고, 산업혁명을 견인한 이들은 과학기술자였다. 오늘날 세계를 움직이는 힘은 인공지능, 바이오, 우주, 반도체 같은 첨단 과학기술이다. 한국이 미래를 열어갈 힘을 키우려면 이 분야를 주도할 인재를 길러내야 함은 당연하다.

1957년 구소련이 인류 최초의 인공위성 스푸트니크 1호를 발사했을 때, 미국이 받은 충격은 컸다. 과학기술에서 뒤처진다는 것은 국가 안보와 미래를 동시에 잃을 수 있다는 두려움으로 다가왔다. 이른바 '스푸트니크 쇼크'라 불리는 사건 이후 미국은

NASA를 창설하고, 과학과 수학 교육을 국가 전략의 최우선 과제로 강화했다. 그 결단이 결국 달 착륙으로 이어지고, 미국을 과학기술 선도국으로 만든 출발점이 되었다.

현재 한국의 현실도 크게 다르지 않다. 반도체 강국이라 불리지만 여전히 세계 최고 수준과의 격차는 존재한다. 바이오와 우주, 인공지능 분야에서도 추격자의 위치에 머물러 있다. 더 큰 문제는 2025년 7월 방영된 KBS 다큐 〈인재 전쟁〉에서 이슈가 되었듯 학생들이 의대로 몰리고, 기초과학의 인재가 턱없이 부족하다는 사실이다.

지금, 과학 인재를 체계적으로 길러내는 교육 체계가 마련되어야 한다. 그 중심에 과학고가 있다. 과학고는 명문대 진학의 통로가 아니라, 학생이 가진 잠재력과 열정을 특정 분야에서 깊이 탐구할 수 있도록 돕는 성장의 장이 되어야 한다. 과학고는 국가가 미래 산업 경쟁력을 확보하기 위한 한국판 스푸트니크 대응 전략이라고 할 수 있다.

과학고와 의학, 그리고 과학의 확장성

과학고는 학생들이 과학의 넓은 세상을 만나는 곳이다. 흔히 제기되는 "과학고는 의대를 위한 통로인가?"라는 지적에 대해서도 관점을 유연하게 할 필요가 있다.

의학은 인류 생명을 다루는 최고의 과학이다. 뇌과학, 기초의학, 신약 개발, 유전체 연구 등과 직결된다. 과학고 출신의 인재들이 이런 분야로 진출하는 것도 바람직한 일이라 생각할 수는 없을까? 의학 역시 물리·화학·생명과학의 기초 위에 서 있기 때문이다.

과학고에서 배운 수학적·과학적 사고를 기반으로 뇌 신경망을 분석하거나, 화학 실험 경험을 살려 신약 개발에 도전할 수 있는 가능성도 열어놓아야 한다고 생각한다. 학생들의 연구가 다양한 분야에서 인류적 가치와 사회적 기여로 이어지려면 과학고가 제 역할을 할 수 있도록 해야 한다.

과학은 하나의 길이 아니라 수많은 길로 갈라진다. 천체물리를 연구하던 학생이 항공우주공학으로 나아갈 수도 있고, 생물학을 공부하던 학생이 바이오 데이터 과학자가 될 수도 있다. 컴퓨터과학에 몰두하던 학생은 로봇공학이나 인공지능 분야에서 창업가로 성장할 수도 있다.

과학고의 본질은 바로 이 다양한 가능성을 열어주는 데 있다. 시험 성적이 학생의 미래를 결정짓는 것이 아니다. 오히려 호기심, 그리고 탐구 과정에서의 경험이 학생을 어디로 이끌지는 누구도 단정할 수 없다.

아이들의 호기심이 길이 되고, 탐구가 미래가 된다. 과학고는 특정 진로를 강요하는 학교가 아니라, 과학의 여러 갈래가 만나서 확장되는 장이 되어야 한다.

과학기술, 미래를 준비하는 교실

과학고 설립과 관련해 "비용이 많이 든다"라는 이야기가 종
종 나오지만 오늘날 과학기술은 단순히 산업 분야 중 하나가 아
니라, 국가 생존의 기반이다.

반도체가 멈추면 우리의 모든 디지털 생활이 멈추고, 바이오
기술이 없었다면 팬데믹을 극복하지 못했을 것이다. 우주과학이
없으면 위성 통신도, 기상 예측도 불가능하다. 우리가 매일 누리
는 안전과 편리, 그리고 국가 안보까지 과학기술 위에 서 있다.

그렇다면 과학 인재를 육성하는 학교에 대한 투자는 선택이
아니라 필수다. 학생 한 명 한 명이 미래 대한민국을 움직일 가장
중요한 자산이다. 과학고는 그 가능성을 키우는 공간이다.

과학고 확대의 필요성은 더 이상 논쟁의 대상일 수 없다. 그
가치에는 이미 많은 분이 공감하고 있다. 그러나 우리는 한 걸음
더 나아가 근본적인 질문을 던져야 한다. 과연 우리 사회는 과학
인재를 존중할 준비가 되어 있는가?

많은 학생이 의대를 선호하는 이유는 안정성에 있다. 연구자
의 길은 여전히 불확실하고 불안정한 진로로 인식된다. 긴 시간

의 연구 과정에 비해 처우는 제한적이고, 성과가 나오더라도 사회적 인정이 충분하지 않다. 이런 현실이 바뀌지 않는다면, 과학고를 아무리 늘리고 교육과정을 개선해도 학생들의 선택은 달라지지 않을 것이다.

과학고가 제 역할을 다하기 위해서는 제도적 장치만으로는 부족하다. 중요한 것은 사회적 공감대이다. 과학고는 일부 학생을 위한 '특권 학교'가 아니라 우리가 함께 미래를 준비하기 위해 꼭 지켜야 할 공공의 자산이다. 이 점을 사회가 인정하고 신뢰를 쌓아가는 과정이 뒤따라야 한다. 이러한 기반이 마련될 때, 과학고에서 길러낸 인재들은 연구실로 향할 수 있다. 과학 인재가 존중받는 사회, 노력한 만큼 개인의 안정을 얻을 수 있는 사회라야 국가의 미래도 준비할 수 있다.

"과학고는 국가의 미래 산업 경쟁력을 확보하기 위한 한국판 스푸트니크 대응 전략이다."

*2024년 3월, 안성 일죽초등학교 방문

미래형 과학고 확대, 미래 과학 강국의 초석

경기도는 대한민국 학생의 30%를 책임지는 교육 현장이다. 그러나 과학고는 단 한 곳에 불과했다. 입학 경쟁률은 전국 평균인 4:1보다 훨씬 높은 약 10:1에 달했고, 해당 지역 선발 원칙이 적용되어 지원 기회는 극히 제한적이었다. 단순한 불균형을 넘어 역차별이라 할 만했다.

실제로 "경기도에서 과학고 가는 것은 서울대 가는 것보다 어렵다"라는 말이 나올 정도였으니, 경기교육을 책임지고 있는 나에게는 더 많은 과학고의 필요성이 절실하게 느껴졌다. 과학고 증설은 학생들에게 더욱 넓은 기회를 열어주고, 잠재력을 마음껏 발휘할 수 있도록 돕는 동시에 지역과 국가의 경쟁력을 높이는 데도 중요하다고 판단했다.

나아가 4차 산업혁명과 인공지능 시대를 선도하기 위해서는 과학 인재를 조기에 발굴하고 체계적으로 육성하는 것이 필수라 생각하고 있었다. 과학고 확대는 이러한 인재 양성의 출발점이자, 대한민국이 미래 과학 강국으로 도약하기 위한 든든한 기반이라고 믿었다. 결국 과학고 설립 확대는 단순히 학교 수를 늘리는 문제가 아니라, 국가 교육정책의 비전과 직결된 과제였다.

미래형 과학고의 방향성

경기교육의 미래형 과학고는 각 지역의 특성을 충실히 반영했다. 오래전부터 지역과 연계한 교육 모델을 구상해왔고, 이를 바탕으로 지자체와 협력해 구체적인 설계를 제안했다. 당시 각 지자체의 노력은 실로 대단했다. 아마 그 시기가 각 지역 인사들을 가장 자주 만나며 논의했던 때가 아니었나 싶다. 현장은 그만큼 분주했고, 열정으로 가득했다.

심사위원들조차 "각 지역이 보여준 특성과 준비를 고려하면 도저히 떨어뜨릴 수 없었다"라고 할 정도였다. 높은 관심 속에 4개 지역이 최종 선정되었다. 경기 미래형 과학고는 그렇게 지역의 열망과 특성이 합쳐져 만들어진 성과이다.

지역 특화교육 과정 운영

- 성남: 판교 IT 생태계를 활용한 AI 심화 교육(AI·빅데이터·보안까지 포괄)
- 부천: 한국전자기술연구원 연계 로봇 특화 교육과정 운영
- 시흥: 서울대병원 연계 기반의 신약 개발, 바이오 데이터 탐구 중심
- 이천: SK하이닉스 협력으로 반도체 특화교육 과정 운영

이와 같은 산업-교육 연계형 설계는 국내에서 처음으로 시도되는 형태이다. 그 핵심은 삼각 협력 구조에 있다. 학교는 교육과정과 연구, 학생 생활의 중심이 된다. 지자체는 부지와 인프라를 제공하고 지역 기업과 연구 기관을 연결한다. 대학과 기업은 멘토링, 공동 실험, 현장 연구, 과제 수행을 맡는다. 교육청만으로는 감당하기 힘든 큰일을 지역사회와 함께하는 구조가 만들어진 것이다.

이 과학고들은 단계적 개교를 목표로 하고 있다. 2026년에는 기존 체제를 보완하고 미래형 과학고 전환을 준비한다. 2027년에 부천과 성남이 개교하면 의정부의 경기북과학고와 함께 3교 체제가 된다. 2029년에는 시흥이 합류해 4교가 되고, 2030년에는 이천이 문을 열어 총 5교가 완성된다.

미래형 과학고 학생 선발 방식

교육의 본질을 생각해본다. 교육의 목적은 단순히 시험을 잘 치는 학생을 가려내는 것이 아니라, 잠재력을 발견하고 역량을 길러주는 데 있다. 그러나 한국의 교육 현실은 오랫동안 '지필 위주의 암기 시험'에 매달려왔다.

경기교육의 새로운 과학고 선발 방식은 이러한 한계를 넘어서려는 시도이다. '자기주도학습 전형'을 원칙으로 삼아 단순한 암기식 시험이 아니라 학생이 스스로 문제를 해결하며 성장한 과정을 평가한다. 중학교 수준 범위 안에서 논리적 사고와 탐구 과정을 중심으로 보며, 내신 성적은 참고 자료이다.

평가 구조

- 1단계 – 서류 종합 평가 및 개별 면접: 교과 성취뿐 아니라 탐구활동, 독서, 동아리 경험, 문제해결 과정까지 종합적으로 살핀다.
- 2단계 – 심층면접: 단순한 지식 확인이 아니라 흥미와 호기심, 탐구 과정에서의 실패와 재도전, 협업 경험 등을 중점적으로 묻는다.

문항 설계의 핵심은 성적이나 스펙이 아니라 과학적 태도와 잠재력을 드러내도록 만드는 것이다.

시험은 한순간의 성과만 보여줄 수 있다. 그러나 학생의 내적 동기, 탐구심, 실패를 딛고 다시 도전하는 힘까지 보여주지는 못한다. 미래형 과학고의 선발 방식은 학생이 어떤 질문을 던졌는지, 어떻게 다시 도전했는지를 본다. 그것이야말로 미래사회가 요구하는 핵심 역량이다.

(가칭) 분당중앙과학고 조감도

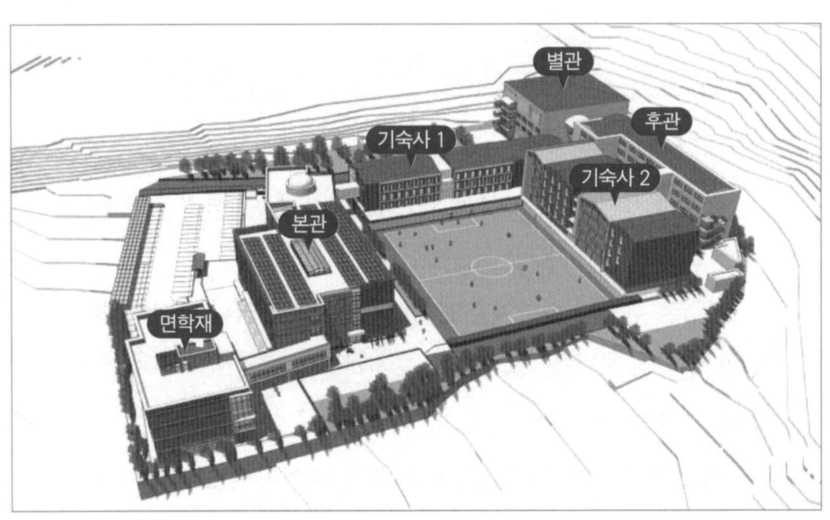

(가칭) 부천과학고 조감도

한국의 다음 무대는 K-SciTech
(SciTech = Science + Technology)

중국의 부상은 거침이 없다. 불과 한 세대 전까지만 해도 '세계의 공장'이라 불리던 그 나라는 이제 인공지능, 반도체, 양자과학 등 첨단 분야에서 무서운 속도로 앞서가고 있다. 세계 각국의 과학 인재들을 적극적으로 끌어들이고, 우리나라 연구자들이 거액의 조건에 스카우트되었다는 소식도 이제는 낯설지 않다.

반도체 분야만 보더라도 투자 규모에서 중국과 한국의 격차는 적지 않다. 대한민국의 미래를 준비하기 위해서는 과학기술 강국의 자리를 단단히 다져야 한다.

과학기술의 힘은 사람에게서 나온다. 연구자들의 노력에서 비롯되는 것이다. 그래서 과학 인재는 곧 국가의 미래라 할 수 있다. 그렇다면 그 인재로 성장할 우리 아이들은 과연 과학을 마음껏 탐구할 기회를 충분히 가지고 있는가.

과거 한국은 앞선 나라의 제도와 성과를 빠르게 받아들이는 것만으로도 성장할 수 있었다. 그러나 지금은 상황이 달라졌다. 세계가 이미 걸어온 길을 되풀이하는 방식으로는 더 이상 앞서 나가기 어렵다.

문화예술 분야는 그 가능성과 변화를 보여주었다. K-팝과 K-무비, K-드라마 등은 이미 세계를 주도하며 새로운 흐름을 만들어내고 있다. 그런데 왜 과학기술 분야는 세계의 중심에 서지 못하는지를 생각해볼 때, 여기에 심각한 교육의 문제가 놓여 있었다. 창의력을 중시하지 않는 교육으로는 새로운 기술과 산업을 선도할 수 없다. 교육이 창의와 도전을 할 때, 과학기술에서도 같은 변화를 일으킬 수 있다고 본다.

　이러한 문제의식 속에서 주목해야 할 것이 미래형 과학고이다. 미래형 과학고는 첨단과학 분야에 특화된 고교 교육 시스템이다. 기초 교육에서 나아가 고교 단계에서부터 세계를 선도할 수 있는 수준의 과학 인재를 길러내는 학교이다. 미래형 과학고는 학생 개개인의 창의성과 열정을 뒷받침하기 위한 학교이자, 대한민국의 미래 산업 경쟁력을 키울 수 있는 설계이기도 하다.

"미래형 과학고는 학생 개개인의 창의성과 열정을 뒷받침하기 위한 학교이자, 대한민국의 미래 산업 경쟁력을 키울 수 있는 설계이기도 하다."

2024 유네스코 교육의 미래 국제포럼, 세계가 주목한 경기교육

유네스코(UNESCO)의 정식 명칭은 United Nations Educational, Scientific and Cultural Organization. 즉, '유엔 교육·과학·문화기구'이다. 여기서 'Educational'을 맨 앞에 둔 것은 교육이 그만큼 중요하다는 의미일 것이다. 유네스코는 세계가 변화의 갈림길에 설 때마다 교육의 역할을 다시 점검해왔다.

1972년 포르(Faure) 위원회의 〈존재하기 위한 학습〉, 1996년 들로르(Delors) 위원회의 〈학습: 내재된 보물〉. 이 두 보고서는 시대를 읽고 교육의 길을 다시 그리는 계기였다.

시간이 흘러 세상은 더 급격하게 바뀌었다. 기후위기, 디지털 기술의 확산, 불평등과 분열, 팬데믹까지 세상의 구조 자체가 흔들리는 시점에 유네스코는 다시 움직였다. 에티오피아 전 대통령 사흘레-워크 주드로가 위원장을 맡은 국제미래교육위원회는 2년에 걸쳐 전 세계 100만 명이 넘는 사람들과의 광범위한 협의를 바탕으로 새로운 보고서를 내놓았다. 그 보고서가 바로 〈함께 그려보는 우리의 미래: 교육을 위한 새로운 사회계약〉이다.

보고서의 주제는 "우리는 미래에 어떤 교육을 해야 하는가?", 즉 교육은 지속가능한 인류 공동체를 위한 새로운 계약이어야 한다는 것이 핵심이었다. 그 새로운 교육의 지도가 처음 펼쳐진 곳이 바로 '경기교육'이었다.

〈2024 유네스코 교육의 미래 국제포럼〉은 이 보고서의 철학과 원칙이 현장에서 실행되고 있는 사례를 중심에 둔 세계 최초의 국제포럼이었다. '세계 최초'라고 하니 좀 과한 느낌이 들 수도 있겠다. 그러나 유네스코 설립 이후 78년 만에 처음으로 보고서에 기반하여 열린 포럼이니 역사적이라는 말까지 나올법하다.

유네스코 사무총장 오드리 아줄레(Audrey Azoulay)는 보고서의 발간사에서 "유네스코는 사회 전환의 결정적 순간마다 교육의 역할을 재검토하기 위한 위원회를 조직해 몇 가지 세계적인 보고서를 제작해왔다"라며, "전 세계 100만 명이 넘는 사람들과의 광범위한 협의체를 바탕으로 작성했다"는 말을 전했다. 보고서는 인류 미래를 위한 담론이고, 약속이고, 방향이었다. 하지만 보고서는 보고서일 뿐이다.

경기교육 정책이 현장에서 실현되고 있던 때, 유네스코한국위원회 한경구 사무총장이 방문했다. 그는 유네스코 보고서의 비전과 철학, 제안을 구체적인 사례로 현실화할 필요가 있다는 생각을 전했다.

보고서의 큰 제목을 보니 경기교육이 추진하고 있는 정책과 맞닿아 있었다. 이미 실천 중인 사례들을 쭉 설명하자 "유네스코는 어젠다를 던졌지만, 이것을 현실화하여 현장을 만들어나가는 건 경기교육이 선도적이다"라며, "이 내용을 세계에 한 번 소개하면 어떻겠나?"라고 제안해왔다. 뜻깊은 일이었다. 경기교육이 세계의 평가도 받고, 그 성과를 인정받는다면 우리 모두에게 자긍심도 생길 수 있다. 또 경기교육이 미래교육의 현장임을 전 세계에 인식시킬 좋은 기회라 생각했다.

제안은 곧 현실이 되었다. 한경구 사무총장이 경기교육을 유네스코에 소개한 결과 포럼은 좀 더 확대되었다. 2023년 5월, 유네스코한국위원회와 교육부가 경기교육 정책에 주목하여 국제포럼 공동 개최를 요청해왔다. 이후 다양한 협의를 거쳐 같은 해 10월, 경기도교육청, 교육부, 유네스코, 유네스코한국위원회 공동 개최에 합의하고 추진 TF를 구성해 본격적인 준비에 돌입했다. TF는 교육감 직속으로 두어 신속하고 효율적인 추진이 가능하게 했다. TF는 유네스코 본사를 방문하고, 다른 국제포럼을 벤치마킹하며 준비에 나섰다. 모두가 한마음으로 포럼 준비에 박차를 가했다.

포럼을 준비하면서 중요하게 생각한 것은 본질에 충실하자는 것이었다. 유명인을 모셔와 행사의 목적과 본질을 뒤로하는 등 보여주기식 행사에 치우친다면 목적이 흐려진다. 경기교육의 실천이 중심이 되는 자리여야 했다. 진정성을 보여줄 수 있도록 최선을 다해 준비했다. 불과 70년 전 유네스코 지원으로 원조를 받았던 대한민국이 국제포럼을 개최하자고 공식 요청을 받다니. 의미가 큰 행사였다. 교육의 중요성을 공표하는 동시에 대한민국의 위상도 알릴 수 있는 기회였다.

대한민국 경기도의 교육정책이 세계에 소개될 만큼 선도적인 정책으로 자리 잡은 것, 세계가 경기교육을 인정한 것은 K-에듀의 전환점이라 할 수 있다.

*2024년 12월, 〈2024 유네스코 교육의 미래 국제포럼〉에서
유네스코 국제미래교육위원회 위원장, 유네스코 교육사무총장보,
유네스코한국위원회 사무총장 방문

경기미래교육, 세계로 펼치다!

마침내 2024년 12월 2일, 수원컨벤션센터에 56개국 2,800여 명의 교육 전문가가 모였다. 국내에서 진행되는 교육 국제포럼의 규모로도 이례적이었지만, 세계 최초로 유네스코의 보고서를 실제 정책과 실천으로 구현한 사례였다는 것, 더 주목할 점은 세계 교육의 담론이 대한민국 경기도에서 펼쳐졌다는 것이다.

수원컨벤션센터에 들어서며 가장 먼저 눈에 들어온 것은 대형 현수막과 가로등 배너였다. 초겨울의 찬바람에 펄럭이는 모습이 행사에 대한 기대와 긴장감을 더했다. 입구는 온라인으로 사전 신청한 국내외 참석자들이 줄지어 등록 데스크에서 비표와 웰컴 키트를 받느라 분주한 모습이었다. 등록 신청 후 엘리베이터를 타고 올라가니 정책이 어떻게 구현되는지 직접 확인할 수 있도록 배치된 전시·체험 부스가 넓은 공간을 가득 채우고 있었다.

경기교육뿐 아니라 대한민국의 위상을 전하고자 다각도로 준비한 포럼이었다. 한국 문화의 아름다움을 전할 학생들의 기념공연, 각국 대표들과의 다자회담, 학교 및 교육기관 방문 등은 참가자들의 기대감을 높였다. 개회식부터 폐회까지 경기도교육청 유튜브 채널을 통한 전면 생중계도 병행됐다.

이 단 3일을 위해 경기도교육청 전 조직이 '원팀'으로 움직였다고 해도 과언이 아니다. 나 역시 진행 상황들을 수시로 보고

받았고, 프로그램, 영상 등을 확인했다. 개회사, 기조연설, 폐막 연설문을 직접 챙기고, 방송과 언론 인터뷰를 수십 차례 이어나 갔다.

직원들은 유네스코, 교육부, 유네스코한국위원회와 수차례 회의하고 협의하며 프로그램을 완성해나갔다. 그 누구도 불평하 지 않았다. 오히려 이 영광스러운 포럼을 직접 준비할 행운을 얻 게 되어 기쁘다고 말했다. 그들은 진정 신이 나서 일하는 듯했다. 포럼의 막바지, 부스를 설치하느라 밤을 새우고서도 즐겁게 참 가자들을 맞이하는 모습이 고마웠다.

포럼은 유네스코 국제미래교육위원회 위원장인 샤흘레-워 크 주드로 에티오피아 전 대통령의 개회사로 시작되었다. 이어 공동 주최기관인 오드리 아줄레 유네스코 사무총장, 교육부 장 관, 경기도교육감, 유네스코한국위원회 사무총장 등의 축사가 이 어졌다. 그야말로 미래교육의 방향을 모색하는 성대한 축제가 막을 올린 것이다.

수많은 참가국 대표들은 "지금까지 경험한 수많은 포럼 중 굉 장한 영감을 주는 최고의 포럼"이라 극찬했고, "Amazing!"(매우 놀랍다)이라는 감탄을 아끼지 않았다. 세계가 놀란 자리, 그 중심 에는 경기교육이 있었다.

2024년 12월, 〈2024 유네스코 교육의 미래 국제포럼〉 개회식

유네스코에 소개된 경기교육 현장

"교육은 개인을 변화시키고, 성장시키며 국가, 사회, 나아가 인류 사회를 변화시키는 중요한 역할을 해왔습니다."

개회식 축사의 첫 문장이었다. 교육의 중요성을 알리고 포럼의 의미를 전 세계 교육자들과 함께 나누고자 했다. 다음은 〈2024 유네스코 교육의 미래 국제포럼〉 개회사의 일부분이다.

　　지금 우리는 지구 환경 위기, AI 디지털 기술의 발전으로 상징되는 지구적 위기와 대전환의 시대에 직면하고 있습니다. 이러한 시대적 변화는 교육에 새로운 과제와 책임을 요구합니다. "교육은 어떻게 대비하고 어떤 역할을 해야 하는가?"라는 질문은 오늘 우리가 함께 풀어가야 할 핵심 주제입니다. 이번 포럼이 단순히 이론적 담론을 넘어 교육 현장에 적용될 수 있는 실천 방안과 프로그램이 도출되는 기회가 되길 바랍니다.

　　경기교육은 대한민국 교육의 중심으로서 새로운 미래교육 모델을 만들기 위해 다각적인 노력을 기울이고 있습니다. 그 구체적인 비전과 실천 사례에 대해서는 경기교육에 대한 소개 시간을 통해 자세히 공유하도록 하겠습니다. 이 자리에 모이신 세계 각국의 교육전문가들께서 경기교육에 대한 건설적인 의견과 아이디어를 더해주시기 바랍니다.

　　이번 국제포럼이 전 세계가 함께할 수 있는 미래교육의 틀을 설계하고, 이를 실천하는 구체적인 방안을 마련하는 중요한 출발점이 되기를 희망합니다. 세계 각국에서 모이신 교육전문가들의 지혜와 통찰이 하나로 모여 교육이 각국의 학생들은 물론 전 세계 인류의 평화롭고 지속가능한 미래를 만들어가는 강력한 동력이 되기를 기대합니다.

이어진 특별 세션에서는 경기교육 현장이 소개되었다. 기조
연설을 뜻깊은 시간으로 남기고자 원고를 한 줄 한 줄 다듬어 준
비한 메시지를 전했다. "성을 쌓는 자는 망하고, 길을 내는 자는
흥한다." 경기교육은 성을 허물고 AI·디지털 전환, 환경 위기, 다
양성의 시대에 새로운 길을 열고 있다.*

3개의 섹터로 확장된 경기미래교육 모델은 한 명의 아이도
소외되지 않는 교육, 모두가 함께 만드는 지속가능한 미래. 이제,
경기교육이 세계로 펼쳐지고 있다.

⟨2024 유네스코 교육의 미래 국제포럼⟩을 통해 경기미래교
육을 전 세계에 소개한 점은 큰 의미가 있었다. 유네스코 보고서
와 방향을 같이하며 미래교육을 실천하고 있는 10개 학교 및 교
육기관 방문 프로그램, 경기도교육청 소개를 포함한 교육의 미
래 보고서와 연계된 5개 교육정책 전시·체험 부스는 경기미래교
육 정책과 다양한 교육활동 사례를 국제적으로 공유하는 기회가
되었다.

* 이 책의 부록 "⟨2024 유네스코 교육의 미래 국제포럼⟩ 특별세션 기조발제"
  참조.

쏟아진 세계의 찬사들

우리는 해외 참가자들을 대상으로 현장의 생생한 교육활동 실천 현장을 보여주는 방문 프로그램을 운영했다. 교육과정 안내, 수업 참관, 공간 관람과 전시 체험활동, 교사·학생과의 대화, 학교급식 체험 등이었다. 방문 주제는 AI 기반 교수-학습 플랫폼 등을 활용한 디지털 교육, 기후행동 참여 및 생명 안전교육을 통한 지속가능 교육, 몸과 마음이 건강한 학생으로의 성장, 세계시민교육 및 전문적인 직업교육 등의 특색 있는 교육과정으로, 관련 기관 11곳을 방문했다.

참가자들은 인공지능(AI) 교수-학습 플랫폼 '하이러닝'을 활용한 인공지능 디지털 교육 등 유네스코 미래교육의 담론을 실천하고 있는 경기교육 현장을 직접 방문했고, 함께 만들어나갈 미래교육에 대한 공감대를 확인했다. 이는 경기교육의 시스템을 세계에 알리고 국제 교류 협력을 더 확장하는 계기가 되었다. 다음은 방문에 참여한 교육 전문가들의 소감이다.

"그저 놀랍다(Just Amazing). 수십 년 전만 해도 멕시코와 비슷한 수준이었던 한국이 교육과 경제 및 디지털 학습 수준 등 모든 분야에서 놀라운 정도로 발전했다. 감동적이다. 멕시코는 여전히 고군분투 중으로 이번 국제포럼을 통해 직접 경험한 한국의 교육을 참고해 멕시코도 한국처럼 될 수 있도록 노력하겠다."

- 엘리사 게라(Elisa Guerra)
　유네스코 국제미래교육위원, 미국 필라델피아 밸리학교의 국제
　네트워크 설립자, 멕시코 출신 교사

"디지털 수업에서는 기기가 목적에 맞게 활용됐는지, 수업을 이끄는 교사의 역량이 충분한지가 중요하다. 이 학교는 디지털 교육뿐만 아니라 교육에 대한 다양한 관점 속에서 풍부한 학습 자원이 준비된 것 같아 매우 인상 깊었다."

- 아라티 스리프라카시(Arathi Sriprakash)
　옥스퍼드대학교 사회교육학과 교수

"확실한 방향성과 목적성을 갖고 교육하는 점이 인상적이었다. 이를 세계적으로 확산시킬 방안을 고민해보길 제안한다."

- 레나토 오페르티(Renato Opertti)
　유네스코 국제교육국의 선임전문관

"아이들이 활기차고 생동감 넘치는(lively) 모습을 볼 수 있었다. 특히 흥미로웠던 점은 인성과 교육, 그리고 가치관의 균형이 잘 잡혀 있다는 점이다. 또한, 지역사회와 환경을 고려하면서 교실에서 기술과 AI를 융합한 모습이 인상적이었다. 이런 모습은 캐나다에서는 아직 볼 수 없는 부분인데, 아마도 한국으로부터 많은 것을 배울 수 있을 것 같다."

- 카렌 먼디(Karen Mundy)
토론토대학교 온타리오 교육연구소 고등교육 및 국제교육정책 교수

이 외에도 참가자들은 "학생들의 흥미와 열정을 직접 볼 수 있어 기뻤다", "4.16 생명안전교육원은 모든 것을 보존하며 기억하려는 모습이 인상적이었다", "다양한 종류와 훌륭한 맛은 물론 영양 성분까지 고려한 식단에 감탄했다"고 소감을 전했다. 포럼 전반에 대해서도 "지금까지 참여한 수많은 포럼 중 가장 큰 영감을 주는 자리였다"고 평가했다는 소감도 인상적이었다.

유네스코와의 동행, 새로운 여정의 출발

유네스코 포럼을 마무리하며 경기도교육청의 입장을 반영해 '글로벌 옵저버토리(Global Observatory)'를 구성하여 운영하기로

공식 선언했다. 이 옵저버토리는 미래교육의 실천과 국제적 미래교육 협의체를 구축하기 위한 기구이다.

경기교육은 앞으로 전 세계의 교육 협력을 체계적으로 지원하기 위한 이 기구의 논의와 활동에 적극적으로 참여하여 미래교육 담론을 선도하는 역할을 이어가고자 한다.

포럼 이후 2025년 9월, 유네스코 본부는 이 옵저버토리의 킥오프 미팅(Kick-off Meeting)에 경기도교육청을 공식 초청했다. 스테파니아 지아니니 유네스코 교육사무총장보는 경기도교육청이 주최한 〈2024 유네스코 교육의 미래 국제포럼〉 방문을 떠올리며 경기교육이 유네스코의 비전을 학교 현장에서 어떻게 실천하고 있는지를 보여줬다는 점을 높이 평가했다. 이어 유네스코의 노력이 전 세계 교육 정책과 현장의 실질적인 변화로 이어질 수 있도록 경기도교육청이 중요한 역할을 담당해달라고 요청해왔다. 소비 타월 국장 역시 경기도의 학교 현장에서 미래교육이 실천되고 있는 사례를 높게 평가하며 경기도교육청을 중심으로 한국이 유네스코의 글로벌 옵저버토리 활동에 '키 파트너(Key Partner)'가 되어줄 것을 공식 제의했다.

경기교육의 무대는 이제 대한민국을 넘어 세계로 확장되고 있다. 우리 학생들이 국제무대에서 활동할 수 있는 글로벌 인재로 성장할 수 있도록 지속적으로 힘쓰고자 한다.

2024년 12월,
유네스코 국제포럼 교육전문가들의 학교 방문 현장

Mexico

*Harvard
University,
USA*

용인삼계고등학교
Shanghai, China
"공간이 사람들의 사고방식을 변화시킬 수 있다는
삼계고의 접근이 특히 인상적이었다.
'제3의 교육 공간(third pedagogy for students)'이라는 개념을 중요시하는데,
삼계고는 현대화되고 디지털화된 시설이 교실에 잘 통합된 모습을 보여주었다."
- 홍옌 첸 (Hongyan Chen) -
중국 출신 연구자 겸
상하이 화둥사범대학 교수

충현중학교
청림중학교
Uruguay
Toronto, Canada
"확실한 방향성과 목적성을 갖고 교육하는 점이 인상적이었다.
이를 세계적으로 확산시킬 방안을 고민해 보길 제안한다."
- 레나토 오페르티(Renato Opertti) -
우루과이, 유네스코 국제미래교육위원회 위원
"인성과 교육, 가치관의 균형이 잘 잡혀있다는 점이 흥미로웠다.
지역사회와 환경을 고려하며 교실에 기술과 AI를 융합하는 모습은
캐나다에서는 보기 드문 부분이라
한국으로부터 많은 것을 배울 수 있을 것 같다."
- 카렌 먼디(Karen Mundy) -
토론토 대학 교수

하버드대학교 강연,
세계가 주목한 K-교육

　　포럼 이후 경기교육에 대한 국제적 관심은 더욱 커졌다. 유네스코 국제미래교육위원회 위원이자, 하버드 교육대학원 글로벌 교육혁신 담당인 페르난도 레이머스(Fernando Reimers) 교수는 양자 회담을 통해 "경기교육의 대담(bold)하고 혁신적인(innovative) 교육개혁에 대해 하버드의 학생과 교수들에게 소개할 기회를 만들고 싶다"라며 초청을 제안했다. 나는 그 초청에 응해 2025년 2월 하버드대학교를 방문했다.

　　하버드대 강연은 큰 기대와 설렘 속에서 준비했다. 영어 원고를 직접 준비하며 단어 하나하나를 더 정확히 표현하기 위해 고민하고, 설 연휴에는 새벽까지 꼬박 책상에 앉아 시간을 보내기도

했다. 딸의 도움을 받으며 진정성 있는 메시지를 전하고자 했다.

당초 90분 일정으로 준비된 강연은 학생들의 끊임없는 질문으로 150분 넘게 이어졌다. 가장 큰 관심을 받은 것은 경기교육이 추진 중인 AI 기반 교수-학습 플랫폼이었다. 학생들은 어떻게 교육청에서 통합적 AI 플랫폼을 구축할 수 있는지를 물었다. 미국은 주와 학교 단위의 자율성이 강해 개별 학교 수준에서 이런 대규모 시스템을 설계하기 어려울 것이다. 반면 한국은 교육청이 관장하는 체계 아래 안정적인 재정 기반을 갖추고 있어 가능하다고 설명했다.

교사들의 적응 과정에 관한 질문도 이어졌다. 젊은 교사들이 빠르게 적응하고 있고, 선배 교사들을 멘토링하는 과정을 통해 배워나가고 있다는 설명은 학생들에게 인상 깊게 전달되는 듯했다.

공유학교와 온라인학교에 대한 설명도 많은 관심을 끌었다. 미국에도 커뮤니티 스쿨이 있지만, 대부분 자원봉사 정도에 머물고 있다. 이에 반해 경기교육의 공유학교는 교육청이 중심이 되어 정식 과목으로 개설되고, 학생의 선택과 학점으로 연결된다는 점에서 차이가 있나. 학생들은 "세계 어디에도 없는 체계적 시스템"이라며 놀라움을 표했다.

강연 후 교수들과의 간담회에는 당초 예상보다 많은 인원이 참석했다. 학생 강연에서 질문과 토론이 끊임없이 이어진 사실이 교수들에게 알려지면서 인원이 훨씬 늘었다는 것이다. 결국

25명이 넘는 교수들과 함께 여러 주제를 깊이 논의하게 되었다.

그 자리에서 한국계 미국인 조세핀 킴 교수는 "정말 감동받았다(Touched)"라며, 한국 교육이 하버드에서 소개되는 모습을 보며 자긍심을 느꼈다고 전했다. 이후 하버드 교수진은 "세계적인 교육학회에서 경기교육의 사례를 소개하겠다"고 약속하기도 했다.

3박 5일의 빠듯한 일정 중 진행된 하버드대 강연과 학생·교수들과의 만남은 참으로 뜻 깊은 시간이었다. 미국의 대학생과 고등학생, 교수들의 큰 관심을 통해 한국 교육, 특히 경기도교육청이 추진하는 미래교육의 잠재력과 가능성을 확인할 수 있었다.

하버드가 주목한 K-교육!
임태희 경기도교육감 하버드 강연

글로벌 협력, 교육의 경계를 넘어

경기미래교육의 국제적 확장은 미국 위싱턴주 방문을 통해서도 한층 구체화되었다. 디지털 기반 교육, 다국어 학습, 커뮤니티 스쿨 등 미국 현지의 다양한 교육 모델을 직접 살펴보고, 경기교육이 추진하는 온라인 학습과 학교 자율 기반을 공유하기 위한 자리였다.

미국 벨뷰교육청 방문: 디지털·다국어 교육의 접점

미국 내에서도 교육 수준이 높기로 알려진 벨뷰시는 과학·기술·수학(STEM) 교육이 강하고, 마이크로소프트·아마존·스타벅스 등 글로벌 기업이 인접한 도시로 성남과 유사한 입지 조건을 갖추고 있다.

성남교육지원청과 벨뷰교육청 간 업무협약(MOU)을 체결하고, 온라인 공동교육과정의 한국어 수업을 참관했다. 벨뷰교육청은 한국어를 제2외국어로 정식 도입해 온라인 강의를 제공하고 있었다. 한류의 영향으로 한국계 학생뿐 아니라 다양한 문화적 배경의 학생들이 참여하고 있었고, 그 수는 점점 늘어나고 있다고 했다. 벨뷰교육청 켈리 아라마키(Kelly Aramaki) 교육장은 "언어는 문화를 배우는 통로이며, 미래를 준비하는 역량"이라며 "한국어 수업의 질적 향상을 위해 도움을 받고 싶다"고 했다.

경기도교육청은 벨뷰시 같은 외국에서도 한국어 교육의 기회를 쉽게 가질 수 있도록 온라인 콘텐츠 개발을 적극적으로 개발·보급하고 있다.

타코마 스타디움 고등학교 방문: 한국어 교육의 확산

미국 타코마시에 위치한 스타디움 고등학교는 1906년 개교한 역사 깊은 학교로, '가장 아름다운 학교' 중 하나로 꼽힌다. 이 학교는 정규 외국어 교과에 한국어를 편성하여 2개 학년에 걸쳐 수업을 운영하고 있고, AP(Advanced Placement) 한국어 과정 개설도 추진 중이다.

학생들은 한국 문화와 전통 공예 등을 주제로 체험형 수업을 진행하고 있었고, 한국 학생들과의 교류 프로그램에도 참여하고 있었다. 학생들은 "한국어를 통해 문화를 이해하고 더 넓은 세상과 연결되는 느낌을 받는다"고 했다. 한국어를 배우는 이유에 대해서도 한국 문화에 대한 관심, 미래 진로와 연결 등 다양한 이야기를 들려주었다.

학교는 한국어 교육 확대, AP 과목 정식 인정, 학생 교류 프로그램 강화 등을 위해 경기도교육청과의 협력을 희망했다. 한국 전통문화 콘텐츠를 활용한 수업 모델도 공동 개발하기로 의견을 모았다.

워싱턴주 교육청 방문: 세계시민교육의 연대

워싱턴주 교육청에서는 경기도교육청, 시애틀 대한민국 총영사관과 함께 3자 업무협약(MOU)을 체결했다. 협약은 학생 주도 교류, 언어교육 협력, 미래교육 정책 연대를 강화하기 위한 것이었다. 특히 2024년 3월 개원한 시애틀 한국교육원과 연계해 한국어 교육, AI 기반 학습, 문화 교류 프로그램을 공동 추진하기로 했다.

협약식에서 나는 "경기교육은 학생들이 협력과 공감을 통해 세계시민으로 성장하도록 돕고 있다. 언어를 넘어 문화와 감정까지 이해하는 진정한 '글로벌 파트너십'을 함께 만들어가자"라는 말을 선했다.

캐나다 버나비교육청과 바이른크릭 커뮤니티 스쿨 방문

방문의 마지막 행선지는 캐나다 버나비교육청의 바이른크릭 커뮤니티 스쿨(Byrne Creek Community School)이었다. 이곳은 학생·

학부모·지역사회가 함께 학교를 운영하는 '커뮤니티 스쿨'의 대표적 모델이다. 버나비교육청은 인구 25만 명 규모의 도시에서 41개 초등학교와 8개 중·고등학교를 운영하며, 7명의 교육위원이 교육감과 함께 학교 운영을 결정한다.

커뮤니티 스쿨은 학교 시설을 지역사회에 개방하고, 학부모와 지역 전문가가 자원봉사자로 활동하여 방과후 프로그램을 운영한다. 특히 이민자·난민·장애 학생 등 취약계층을 위한 맞춤형 지원 체계가 잘 마련되어 있다.

이 학교는 경기교육의 '공유학교'와 닮아 있었다. 학교와 지역이 함께 성장하고, 학생의 경험이 지역사회의 자산으로 환원되는 구조였다.

우리는 커뮤니티 스쿨과 공유학교의 공통점, AI 기반 학습, 온라인 교류 프로그램의 가능성을 논의했다. 경기교육이 추진하는 온라인 기반 학습 모델은 이처럼 지역과 세계를 잇는 새로운 협력의 틀을 만들어가고 있다.

미국·캐나다 방문은 경기교육이 만들어가고 있는 미래 학교 모델이 세계 속에서 어떻게 공감되고, 새로운 가능성으로 이어질 수 있는지를 보여주었다. 한국어 교육, AI 기반 학습, 온라인 협력, 커뮤니티 스쿨 등은 모두 '학교 중심, 학생 중심, 성장 중심'이라는 경기미래교육의 철학과 맞닿아 있다.

경기교육은 앞으로도 세계 각국의 교육기관과 함께 배우고 나누며, 지속가능한 미래교육의 길을 열어가고자 한다.

튀니지와의 협약, 글로벌 협력의 시작

이러한 국제적 관심은 실제 협력으로 이어지고 있다. 2025년 9월에는 튀니지 교육부를 방문해 업무협약(MOU)을 체결했다. 협약은 디지털 교육 기반 확대, 학생 주도 교류, AI를 활용한 교육활동 강화, 직업교육 지원 등을 중심으로 이루어졌다.

이 협약은 유네스코 포럼에서 튀니지 교육부 장관이 "경기교육은 매우 인상적이었다"라며 협력을 제안한 데서 출발했다. 협의 과정에서 나는 네 가지 실질적 협력 방안을 제시했다.

첫째, 디지털 인프라와 시스템 구축이다. 좋은 콘텐츠도 기반이 없으면 현장에 안착하기 어렵다. 둘째, 교사 역량 강화다. 교사의 수준이 곧 교육의 질을 결정하기 때문이다. 셋째, 교육 콘텐츠 제공이다. 튀니지는 한국어 교육에 큰 관심을 보였고, 우리는 '한국어랭귀지스쿨(KLS)'의 튀니지 버전을 개발해 지원하기로 했다. 넷째, 직업교육 협력이다. 튀니지 대통령이 특히 관심을 보이는 분야로, 우리는 산업화 시기의 직업교육부터 디지털 전환 시대의 교육까지 폭넓은 경험을 공유하기로 했다.

나는 협약식에서 "협약은 일의 끝이 아니라 시작이다. 양국 학생의 더 나은 미래를 위해 체계적이고 지속적인 교류를 이어가자"고 말했다.

경기미래교육은 이제 세계와 함께 미래의 길을 열고 있다. 우리는 자율, 균형, 미래를 기조로 국경을 넘어 경계를 허물고, 함

께 논의하며 협력해나갈 것이다. 경기교육은 이제 미래교육이
실천되는 현장이자, 세계가 주목하는 교육의 이름이다.

"미래교육의 실천 현장, 경기교육은 세계가 주목하는 교육의 이름이다."

*2025년 9월, 튀니지 교육부 산하 공공기관 방문

*2024년 12월, 유네스코 국제포럼

〈2024 유네스코
교육의 미래 국제포럼〉
특별세션 기조발제

여러분, 반갑습니다. 경기도교육감 임태희입니다. 통상적으로 지금 시간은 원래 하루의 업무를 마감하고 퇴근 시간이 거의 다 된 시간입니다. 제가 오늘 오후부터 이곳에서 시간을 보내면서 학교 다닐 때보다 훨씬 더 인텐시브한 시간을 보내고 있다고 생각합니다. 여러분, 저녁 시간이 돼서 힘드실 텐데 경기교육을 짤막하게 소개하는 시간이니만큼 경청해주시길 부탁드립니다.

먼저, 국내·외의 모든 교육 전문가분들이 이 자리에 함께하고 계십니다. 대한민국 경기도에서 개최된 이번 포럼에 함께하신 모든 참가자 여러분께 신심으로 환영의 말씀을 드립니다. 이번 포럼은 미래교육의 방향을 논의하면서 또 세계 각국에서 모이신 교육 전문가분들께서 지혜와 경험을 나누는 소중한 자리가 될 것으로 기대하고 있습니다.

영상을 보면 한쪽에는 성, 한쪽에는 길이 나 있습니다. 몽골 지역에 내려오는 말이라고 전해집니다. "성을 쌓는 자는 망하고 길을 내는 자는 흥한다"라는 말이 있습니다. 그런데 교육 분야는 일반적으로 다른 분야에 비해 견고한 성을 쌓는 영역으로 인식되고 있습니다. 아마 이런 현상은 한국만이 아니고 세계 다른 나라에서도 크게 다르지 않을 것이라고 생각합니다. 경기교육은 그동안 쌓아온 성의 문을 활짝 열고 미래교육을 향해서 새로운 길을 내고자 최선의 노력을 다하고 있습니다. 오늘 이 자리에서 경기교육의 노력과 성과를 소개할 수 있게 되어 기쁜 마음입니다. 이제 이러한 기회를 통해 우리가 세계적인 미래교육의 방향을 모아나가는 의미 있는 시간이 되기를 기대합니다.

우리는 지금 AI·디지털 사회로의 급격한 전환, 상상을 초월하는 다양성의 확산, 기후변화로 인한 지구 환경 위기 등 그 어느 때보다 거대한 변화와 도전에 직면하고 있습니다. 이런 상황은 교육에도 과거와는 분명히 다른 새로운 역할을 요구하고 있습니다. 경기교육은 이러한 변화와 요구 속에서 멀리 한 세대 후, 2050년과 그 이후를 내다보며 과감한 변혁을 시도하고 있습니다. 교육 변혁을 위한 경기교육의 노력은 이번 포럼이 지향하는 '모두를 위한 교육'의 논의와 실천에 큰 영감을 줄 것이라고 생각합니다.

먼저 경기교육에 대해 간단히 소개해드리겠습니다. 저 지도에 보시면 빨간 부분이 경기도 지역입니다. 그 가운데 까만 부분이 서울입니다. 지금 여러분이 계신 이 지역은 서울 남단에서 약

10마일 남쪽에 위치하고 있습니다. 경기교육은 규모 면에서 대한민국의 약 3분의 1 비중을 차지하고 있습니다. 학생 수, 또 학교 수, 그리고 재정 규모, 인구수, 모든 면에서 대한민국의 약 3분의 1 비중입니다. 다양성 면에서도 다른 지역과는 비교가 되지 않습니다. 최첨단의 세계적 도시부터 농촌, 산촌, 어촌이 모두 경기도 내에 공존하고 있습니다. 그에 따라 인구밀집지역과 인구감소지역, 오늘 말씀처럼 인구소멸지역이 동시에 혼재되어 있는 것이 경기도의 현실이라고 하겠습니다. 다시 말씀드리면 경기교육은 대한민국 교육의 모든 사례가 포함된 축소판이라고 말씀드릴 수 있습니다. 그래서 '경기교육이 바뀌면 대한민국 교육이 곧 바뀐다'라는 생각으로 경기도의 교육가족들은 노력하고 있습니다. 경기교육은 현재 대한민국 교육 의제를 이끌고 새로운 길을 열어나가는 다양한 노력을 기울이고 있습니다.

이제 경기교육의 변혁에 대해 구체적으로 말씀드리고자 합니다. 경기교육은 교육의 중심에 학교를 두고 모든 변혁의 길을 학교에서 시작해서 학교로 통하도록, 학교로 이어지도록 설계하고 있습니다. 학교는 기본적으로 인성, 그리고 기초역량을 교육하는 중심이 되는 구심점이자 출발점이기 때문입니다. 이를 위해 기본학습터로서의 역할을 충실히 이행할 수 있도록 최대한 학교에 대해서는 자율성을 보장하면서 교육 이외의 행정업무에 대해서는 최대한 축소하고 학교로부터 분리하는 노력을 하고 있습니다.

아울러 급변하는 미래사회, 즉 AI·디지털 환경에서 자유자재로 활동할 수 있도록 교육하고 있습니다. 그래서 보시듯이 경기도교육청은 학생들에게 1인 1스마트기기를 보급 완료했습니다. 모든 학교에 무선통신망을 100% 구축하고, 이제 AI 디지털교과서 실행에 대비해서 혹시 문제가 생길 수 있는 인프라를 보충해나가는 작업을 하고 있습니다. 아울러 AI 기반으로 교수-학습 플랫폼을 운영하는 하이러닝을 자체 개발했습니다. 하이러닝 시스템은 학생에 따라 교사가 맞춤형 수업을 할 수 있도록 설계되어 있습니다. 교사의 수업역량 강화가 중요합니다. 그래서 AI 기반의 하이코칭 프로그램을 준비해서 교사들이 하이러닝을 자유자재로, 그리고 학생들에게 맞춤형 교육을 충분히 실행할 수 있도록 준비시키고 있습니다. 이런 기반이 마련되면, 교사의 역할도 단순한 지식을 전수하는 지식전수자를 넘어서서 학생들을 교육적으로 안내하고 협력하는 동반자로 확장되어갈 것입니다.

AI·디지털교육에 대한 부작용과 우려가 있는 것을 잘 알고 있습니다. 이에 대비해서 경기도교육청은 학생들이 안전하고 또 분별력 있게 디지털 기기를 사용할 수 있도록 디지털 시민교육을 실시하고 있습니다. 이에 더해서 세계시민교육도 강화하고 있습니다. 구체적으로 말씀드리면, 자신만의 개성을 지키면서 동시에 포용력을 갖춘 공존교육을 실시하고 아울러 지구 환경의 소중함을 알고 환경보전을 실천하게 하는 환경교육을 실시하고 있는 것이 바로 그것입니다.

경기교육은 이와 같은 교육을 실행하는 중심으로서의 학교를 교육1섹터로 규정합니다. 경기교육에 있어서 공교육은 학교교육에만 국한돼서는 안 되겠다는 생각을 하고 있습니다. 그래서 학교교육을 넘어서서 지역사회와 협력해서 공교육을 확장하는 작업을 하고 있습니다. 바로 이것이 교육2섹터 경기공유학교입니다. 학교가 학습에 대한 모든 요구를 전부 수용하기에는 현실적인 어려움이 있습니다. 그래서 이를 극복하기 위해 경기교육은 지역사회가 가지고 있는 인적·물적 교육자원을 충분히 활용하여 학생들의 다양한 학습요구를 충족시킬 수 있는 지역교육 플랫폼으로서 경기공유학교를 운영하고 있습니다.

경기공유학교는 그동안 학교에 국한됐던 틀에서 벗어나 지역의 연대와 협력을 통해 공교육을 확장한 새로운 시스템입니다. 학생은 경기공유학교에서 자신이 원하는 배움을 찾을 수 있고, 지역과 긴밀히 연결해서 깊이 있고 또 학교에서는 못 하는 다양한 학습을 경험할 수 있습니다. 이를 통해 경기교육은 학생 한 명, 한 명이 자신의 꿈을 이루고 다 함께 성장하도록 돕는 'All for One'의 가치를 실현하려고 노력하고 있습니다. 앞서 관람하신 공연에 출연한 학생들, 바로 이 경기공유학교를 통해 교육받은 학생들입니다.

경기도의 다양한 특성을 고려할 때 학교와 공유학교만으로도 학생들의 교육 기회를 충분히, 그리고 공평하게 보장하기는 어렵습니다. 바로 인적·물적 교육자원이 부족한 지역, 산촌, 어촌,

농촌의 경우가 되겠죠. 이런 지역의 학생들, 어떤 이유로 학교 안에 머물지 못하고 학교 밖으로 나간 청소년들, 여러 교육적 배경이 달라서 학교생활에 적응하기 어려워하는 많은 다문화 학생들, 특별한 맞춤형 교육이 필요한 이런 학생들에게는 바로 교육격차 해소, 또 학생들의 교육받을 권리를 충분히 보장하기 위한 또 다른 형태의 학습 안전망이 필요하다고 판단했습니다.

경기교육은 이들을 위해 제3의 학습터로서 경기온라인학교를 현재 설립 중에 있습니다. 경기온라인학교에서 학생들은 1섹터인 학교, 2섹터인 경기공유학교의 한계를 넘어서서 저마다의 상황과 관심에 따라 학습할 수 있게 됩니다. 교육3섹터로서 경기온라인학교는 개방형으로 운영될 예정입니다. 궁극적으로는 전 세계 어디에서나 접근할 수 있도록 확장해나갈 계획으로 현재 준비하고 있습니다.

지금까지 설명해드린 교육1섹터 학교, 2섹터 경기공유학교, 3섹터 경기온라인학교는 경기미래교육의 핵심축입니다. 이 축은 별개가 아니라 상호유기적으로 연결되어 있습니다. 이러한 3개의 교육섹터를 통해 경기 학생들은 누구나, 언제나, 또 어디서나, 무엇이나 원하는 교육을 받고 더 나은 세상을 만드는 세계시민으로 성장해갈 것이라고 확신합니다.

경기교육은 그동안 전통적으로 학교 교육에 국한됐던 공교육을 지역과 온라인 공간으로 확장해왔습니다. 이를 통해 단 한 명의 아이도 소외되지 않고 필요한 교육을 받을 수 있도록 추진하고 있습니다. 이것이 바로 경기교육이 추진하는 공교육 시스템의 확장과 패러다임의 전환, 우리는 바로 공교육의 대변혁이라고 얘기합니다. 어느 누구도 미래를 먼저 경험하지는 못합니다. 경기교육은 우리 학생들이 다가오는 미래를 두려움 없이 맞이할 수 있도록 교육하고 있습니다. 모두를 위한 행복한 미래를 만들어나가는 주역이 되도록 노력하겠습니다.

흔히 세상을 변화시키는 중요한 엔진으로 정치와 교육을 말합니다. 정치가 위에서부터 시작되는 변화라면 교육은 아래에서부터 시작되는 변화입니다. 전 세계적으로 볼 때 세상을 좋은 방향으로 변화시키는 정치는 사실 그 예를 찾기가 쉽지 않습니다. 그러나 교육은 개인을 변화시키고 또 성장시키며, 나아가 사회를 변화시키는 힘을 지니고 있습니다. 교육을 통한 변화는, 그래서 정치보다 훨씬 확실하고 강력합니다. 이번 포럼이 전 세계 교육 변혁의 새로운 시작이 되기를 희망합니다.

모든 학생이 평화와 정의를 소중하게 여기며 지속가능한 지구를 만드는 주역으로 성장하도록 우리 모두 교육합시다. 오늘 전 세계의 교육자들이 모인 이번 포럼을 통해 새로운 시작을 위한 연대와 협력을 제안하며 보고를 마치겠습니다. 감사합니다.

임태희 경기도교육감

    1956년 경기도 광주군 낙생면 판교리(현 성남시 분당구 판교동)에서 태어났다. 낙생초등학교, 양영중학교, 경동고등학교를 졸업하고 서울대학교 경영학과에 입학해 학사와 석사학위를 받았다. 대학 4학년 때 외환은행에 입사한 후 퇴사하고 제24회 행정고시에 합격했다. 공무원 수습 중이던 1982년 공군 장교(사관후보생 77기)로 입대하여 중위로 전역했다.

    1994년 재무부와 경제기획원이 재정경제원으로 통합된 후, 예산실에서 근무하다 서기관으로 승진하여 1996년부터 1998년까지 영국 옥스퍼드대학교에 유학(연구원)했다. 1998년 6월, 귀국 후에는 김대중 대통령 취임 직후 새로 구성된 청와대 경제수석실에서 1999년 10월까지 행정관으로 IMF 금융위기를 수습하는 업무를 담당했다. 이후 재정경제부 복귀 2개월 만인 1999년 12월, 경제정책국 산업경제과장을 끝으로 공무원 생활을 정리했다.

    IMF 외환위기 수습 과정에서 국민이 경제위기로 고생하는데도 공무원으로서 할 수 있는 일이 극히 제한적이라고 느껴 직접적인 정책 수립과 집행의 필요성을 인식하고, 정치 참여를 결심하게 되었다.

    2000년 제16대 국회를 통해 정계에 입문했다. 경기 성남 분당을 지역에서 제16·17·18대 국회의원으로 활동했다. 경제관료 출신 의원으로서 지역 발전과 경제정책 분야를 중심으로 의정 활동을 전개했고, 다양한 정책 제안과 아이디어, 입법 활동을 통해 경제 전문가로서 전문성을 발휘했다. 의원 재직 시절 정직성과 언행의 일관성, 합리적 사고와 공정성을 중시하는 의정 활동으로 주목받아 '백봉신사상'을 세 차례 수상하기도 했다.

    초대 고용노동부 장관, 대통령실장 등을 맡아 국가 정책 전반에 관여했고, 2012년에는 제18대 대통령 선거 대선후보 경선에 참여하여 박근혜 후보와 경쟁하기도 했다. 정치 활동 외에도 서울대학교 경영대학 초빙교수, 제7대 한경대학교 총장 등을 역임하며 교육·학문 분야에서도 역할을 수행했다.

임태희의 미래교육
IM_Possible
경기교육의 하이러닝·공유학교·온라인학교,
미래교육의 중심이 되다!

초판1쇄 발행 2026년 3월 14일
초판2쇄 발행 2026년 3월 20일
초판3쇄 발행 2026년 3월 31일

지은이 임태희 | 기획·편집 조현주 | 교정교열 정난진·임윤신
펴낸이 이찬규 | 펴낸곳 북코리아 | 등록번호 제03-01240호
주소 13209 경기도 성남시 중원구 사기막골로45번길 14 우림2차 A동 1007호
전화 02-704-7840 | 팩스 02-704-7848
이메일 ibookorea@naver.com | 홈페이지 www.북코리아.kr
ISBN 979-11-94299-88-2 (03370)
값 19,000원